SPANISH

in 10 minutes a day®

by **Kristine Kershul**, M.A., University of California, Santa Barbara

Bilingual Books Inc.
511 Eastlake Avenue E., Seattle, WA 98109
Tel: (206) 340-4422 Fax: (206) 340-9816

Sixth printing, May 1997

 ISBN 0-944502-58-X.

(ahl-fah-beh-toh)
El Alfabeto

Many Spanish letters sound the same as in English, but some Spanish letters are pronounced or written differently. To learn the Spanish sounds of these letters, write each example in the space provided.

Spanish letter	English sound	Example	*(Write it here)*	Meaning
a	ah	**gato** *(gah-toh)*	gato	cat
ai	i/y	**baile** *(by-leh)*		dance
au	ow	**autobús** *(ow-toh-boos)*		bus
c *(before e or i)*	s	**información** *(een-for-mah-see-ohn)*		information
c *(elsewhere)*	k	**cama** *(kah-mah)*		bed
e	eh	**perro** *(peh-rroh)*		dog
ei	ay/eh	**seis** *(sehs)*		six
g *(before e or i)*	h	**gente** *(hehn-teh)*		people
g *(elsewhere)*	g	**grande** *(grahn-deh)*		big
h	*(silent)*	**hombre** *(ohm-breh)*		man
i	ee	**sí** *(see)*		yes
j	h	**mujer** *(moo-hair)*		woman
ll	y	**lleno** *(yeh-noh)*		full
ñ	n-y	**mañana** *(mahn-yah-nah)*		tomorrow
o	oh	**comida** *(koh-mee-dah)*		meal
qu	k	**qué** *(keh)*		what
r	*(slightly rolled)*	**pero** *(peh-roh)*		but
rr	*(heavily rolled)*	**perro** *(peh-rroh)*		dog
u	oo	**mucho** *(moo-choh)*	mucho	much
ua	wah	**agua** *(ah-gwah)*		water
ue	weh	**bueno** *(bweh-noh)*		good
x	s	**exacto** *(eh-sahk-toh)*		exact
y	ee	**y** *(ee)*		and

Look what you can say already.

hombre grande

gato y perro

autobús grande

autobús lleno

hombre bueno

hombre y mujer

Seven Key Question Words

Step 1

When you arrive in **México** *(meh-hee-koh)* Mexico, **España** *(ehs-pahn-yah)* Spain or another Spanish-speaking country, the first thing you will need to do is to ask questions—"Where is the train station?" "Where can I exchange money?" "Where **(dónde)** *(dohn-deh)* is the lavatory?" "**Dónde** is a restaurant?" "**Dónde** do I catch a taxi?" "**Dónde** is a good hotel?" "**Dónde** is my luggage?"—and the list will go on and on during your visit. In Spanish, there are SEVEN KEY QUESTION WORDS to learn. For example, the seven key question words will help you to find out exactly what you are ordering in a restaurant before you order it—and not after the surprise (or shock!) arrives. Take a few minutes to study and practice saying the seven basic question words listed below. Notice that only one letter is different in the Spanish words for "when" and "how much," so be sure not to confuse them. Then cover the Spanish words with your hand and fill in each of the blanks with the matching Spanish **palabra** *(pah-lah-brah)* word.

1. *(dohn-deh)* **DÓNDE** = WHERE dónde, dónde, dónde
2. *(keh)* **QUÉ** = WHAT ______________
3. *(kee-en)* **QUIÉN** = WHO ______________
4. *(pour-keh)* **POR QUÉ** = WHY ______________
5. *(kwahn-doh)* **CUÁNDO** = WHEN ______________
6. *(koh-moh)* **CÓMO** = HOW ______________
7. *(kwahn-toh)* **CUÁNTO** = HOW MUCH ______________

Now test yourself to see if you really can keep these **palabras** *(pah-lah-bras)* [words] straight in your mind. Draw lines between the Spanish **y** *(ee)* [and] English equivalents below.

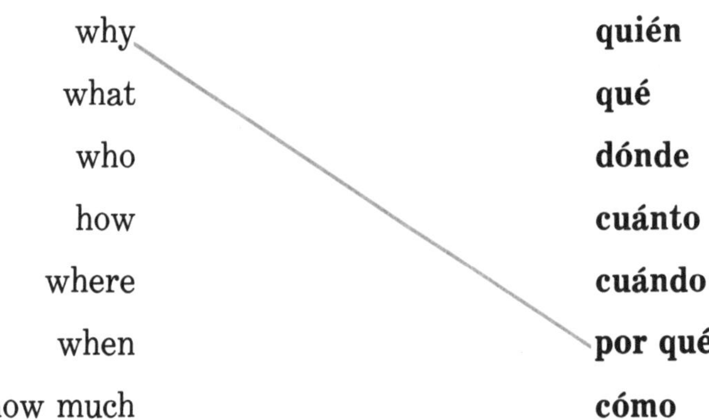

why	**quién**
what	**qué**
who	**dónde**
how	**cuánto**
where	**cuándo**
when	**por qué**
how much	**cómo**

Examine the following questions containing these **palabras**. Practice the sentences out loud **y** *(ee)* then quiz yourself by filling in the blanks below with the correct question **palabra.**

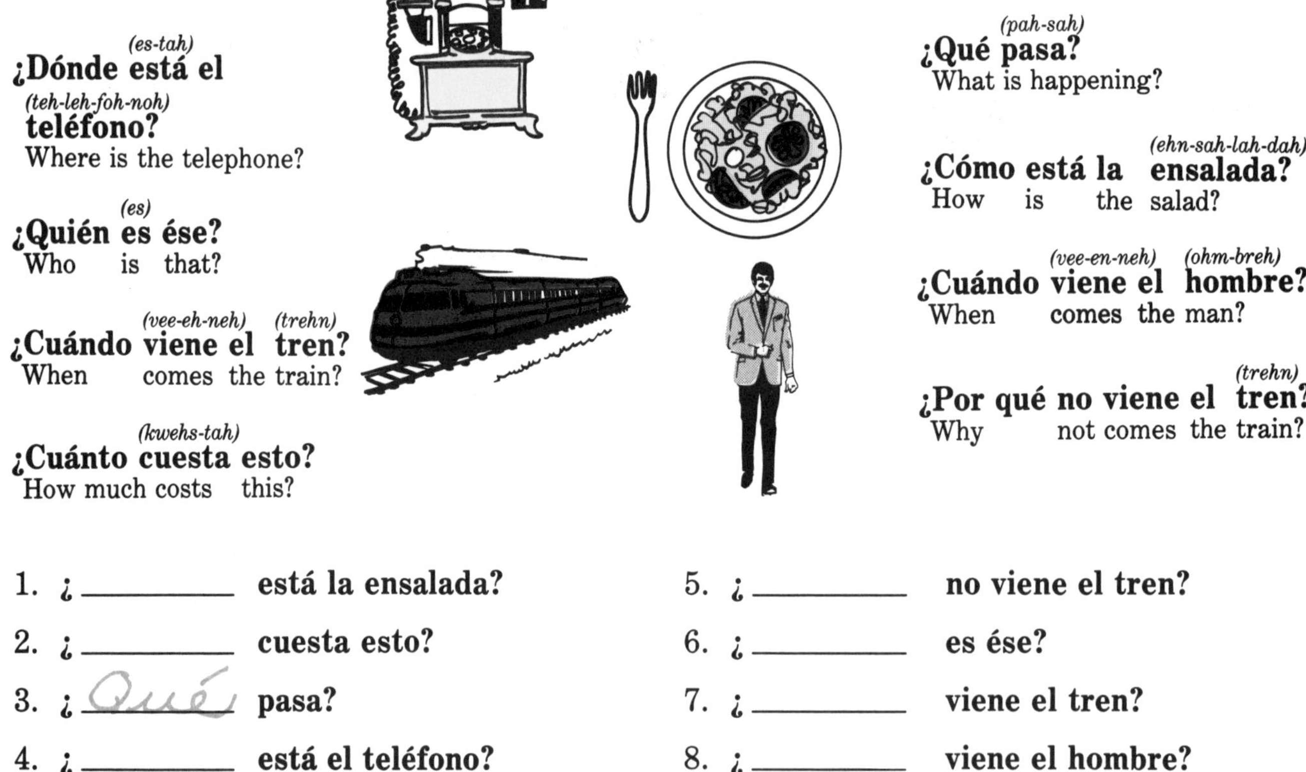

¿Dónde está *(es-tah)* **el teléfono?** *(teh-leh-foh-noh)*
Where is the telephone?

¿Quién es *(es)* **ése?**
Who is that?

¿Cuándo viene *(vee-eh-neh)* **el tren?** *(trehn)*
When comes the train?

¿Cuánto cuesta *(kwehs-tah)* **esto?**
How much costs this?

¿Qué pasa? *(pah-sah)*
What is happening?

¿Cómo está la ensalada? *(ehn-sah-lah-dah)*
How is the salad?

¿Cuándo viene *(vee-en-neh)* **el hombre?** *(ohm-breh)*
When comes the man?

¿Por qué no viene el tren? *(trehn)*
Why not comes the train?

1. ¿ __________ **está la ensalada?**
2. ¿ __________ **cuesta esto?**
3. ¿ Qué **pasa?**
4. ¿ __________ **está el teléfono?**
5. ¿ __________ **no viene el tren?**
6. ¿ __________ **es ése?**
7. ¿ __________ **viene el tren?**
8. ¿ __________ **viene el hombre?**

"Dónde" will be your most used question **palabra,** so let's concentrate on it. Say each of the following Spanish sentences aloud many times. Then write out each sentence without looking at the example. If you don't succeed on the first try, don't give up. Just practice each sentence until you are able to do it easily. Don't forget that **"ei"** is pronounced like **"ay"** and **"ie"** like **"ee-eh."** Also, in Spanish, the letter **"h" es** *(es)* [is] silent.

(ser-vee-see-ohs)
¿Dónde están los servicios?

(tah-see)
¿Dónde está el taxi?

(ow-toh-boos)
¿Dónde está el autobús?

(res-tow-rahn-teh)
¿Dónde está el restaurante?

(bahn-koh)
¿Dónde está el banco?

(oh-tel)
¿Dónde está el hotel?

Sí (see) [yes], many of the **palabras** which look like **inglés** (een-gles) [English] are also Spanish. Since **inglés y español** (ehs-pahn-yohl) [Spanish] are related languages, your work here **es** simpler. You will be amazed at the number of **palabras** which are identical (or almost identical). Of course, they do not always sound the same when spoken by a Spanish-speaking person, but the similarity will surprise you. Listed below are five "free" **palabras** beginning with "A" to help you get started. Be sure to say each **palabra** aloud **y** (ee) then write out the Spanish **palabra** in the blank next to it.

- ☑ **el abril** *(ah-breel)* .... April — el abril
- ☑ **absoluto** *(ahb-soh-loo-toh)* .... absolute — ____________
- ☑ **el accidente** *(ahk-see-dehn-teh)* .... accident — ____________
- ☑ **activo** *(ahk-tee-voh)* .... active — ____________
- ☑ **el acto** *(ahk-toh)* .... act (of a play) — ____________

Free **palabras** like these will appear at the bottom of the following pages in a yellow color band. They are easy — enjoy them!

Step 2

"the"

All of these words mean "the":

el (masc. sing.)	**la** (fem. sing.)	**los** (masc. pl.)	**las** (fem. pl.)

el niño: the boy — **los niños:** the boys

la niña: the girl — **las niñas:** the girls

"a" or "an"

All of these words mean "a" or "an," or "some" in the plural:

un (masc. sing.)	**una** (fem. sing.)	**unos** (masc. pl.)	**unas** (fem. pl.)

un tren: a train — **unos trenes:** some trains

una palabra: a word — **unas palabras:** some words

un americano: an American — **unos americanos:** some Americans

El español *(ehs-pan-yol)* [Spanish] has multiple **palabras** for "the" **y** "a." Use the word that agrees with the gender and number of the noun that follows.

Step 3

Las Cosas *(koh-sas)* [things]

Before you proceed **con** *(kon)* [with] this step, situate yourself comfortably in your living room. Now look around you. Can you name the things which you see in this **cuarto** *(kwar-toh)* [room] in Spanish? Probably you can guess **el sofá** *(soh-fah)* and maybe even **la lámpara** *(lam-pah-rah)*. Let's learn the rest of them. After practicing these **palabras** out loud, write them in the blanks below **y** on the next page.

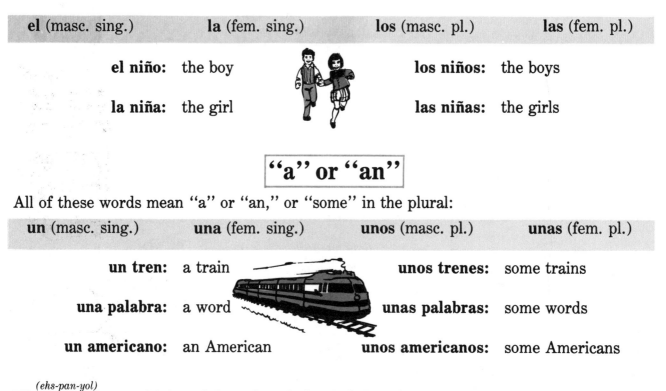

la pintura *(peen-too-rah)* = the picture ___la pintura___

el techo *(teh-choh)* = the ceiling ______________

- ☑ **el agosto** *(ah-gos-toh)* .... August ______________
- ☐ **la agricultura** *(ah-gree-kool-too-rah)* ... agriculture ______________
- ☐ **la álgebra** *(ahl-heh-brah)*............ algebra ______________
- ☐ **la América** *(ah-meh-ree-kah)* .... America ______________
- ☐ **el animal** *(ah-nee-mal)* .... animal ______________

(reen-kohn)
el rincón = the corner ______________________

(ven-tah-nah)
la ventana = the window ______________________

(lam-pah-rah)
la lámpara = the lamp ______________________

(loos)
la luz = the light ______________________

(soh-fah)
el sofá = the sofa ______________________

(see-yah)
la silla = the chair ______________________

(al-fom-brah)
la alfombra = the carpet ______________________

(meh-sah)
la mesa = the table ______________________

(pwair-tah)
la puerta = the door ______________________

(reh-loh)
el reloj = the clock ______________________

(kor-tee-nah)
la cortina = the curtain la cortina

(pah-red)
la pared = the wall ______________________

You will notice that the correct form of **el** or **la** is given **con** (with) each noun. This tells you whether the noun is masculine or feminine. Now open your book to the sticky labels (between pages 48 and 49). Peel off the first 14 labels **y** proceed around **el cuarto** *(kwar-toh)*, labeling these items in your home. This will help to increase your Spanish word power easily. Don't forget to say **la palabra** as you attach each label.

Now ask yourself, **"¿Dónde está la pintura?"** **y** point at it while you answer, **"Allí** *(ah-yee)* (there) **está la pintura."** Continue on down the list until you feel comfortable with these new **palabras**. Say, "**¿Dónde está el techo**?" Then reply, "**Allí está el techo**," and so on. When you can identify all the items on the list, you will be ready to move on.

Now, starting on the next page, let's learn some basic parts of the house.

- ☐ **anual** *(ah-noo-al)* .... annual ______________
- ☐ **la aplicación** *(ah-plee-kah-see-ohn)* ..... application ______________
- ☐ **el artista** *(ar-tees-tah)* .... artist ______________
- ☐ **la atención** *(ah-ten-see-ohn)* .... attention ______________
- ☐ **el automóvil** *(ow-toh-moh-veel)* .... auto, car el automóvil

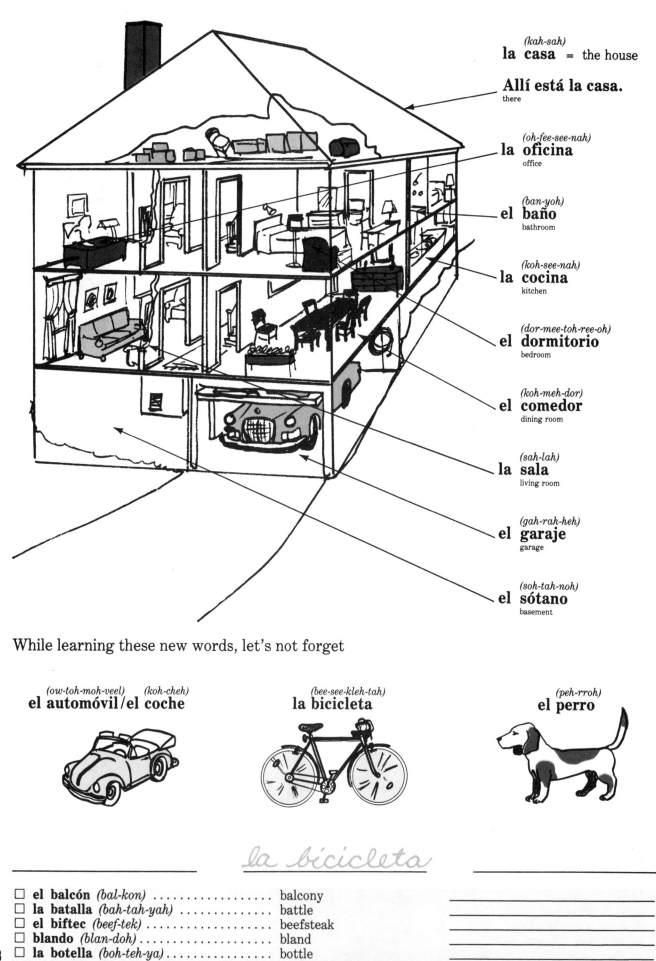

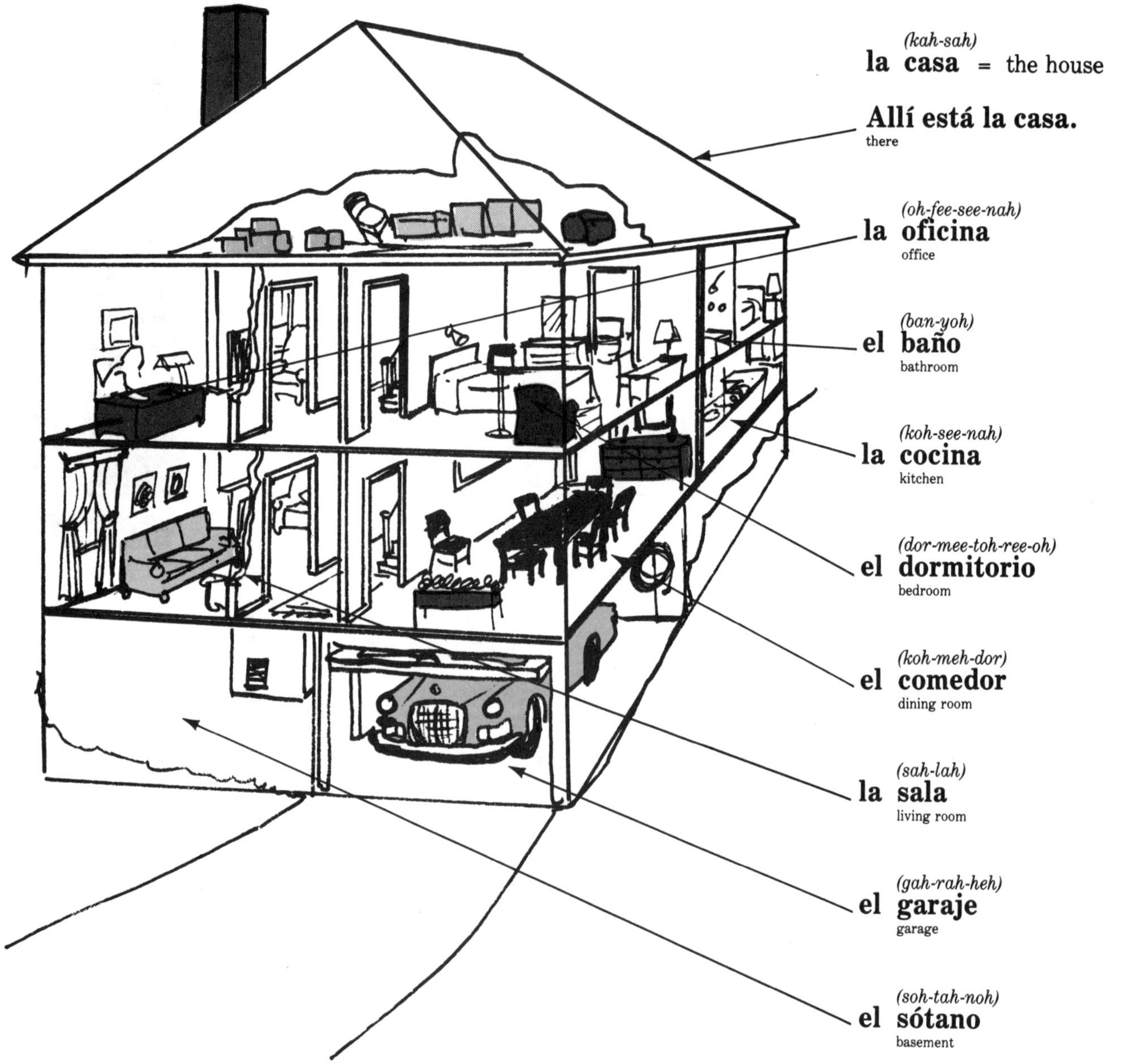

(kah-sah)
la casa = the house

Allí está la casa.
there

(oh-fee-see-nah)
la oficina
office

(ban-yoh)
el baño
bathroom

(koh-see-nah)
la cocina
kitchen

(dor-mee-toh-ree-oh)
el dormitorio
bedroom

(koh-meh-dor)
el comedor
dining room

(sah-lah)
la sala
living room

(gah-rah-heh)
el garaje
garage

(soh-tah-noh)
el sótano
basement

While learning these new words, let's not forget

(ow-toh-moh-veel) (koh-cheh)
el automóvil / el coche

(bee-see-kleh-tah)
la bicicleta

(peh-rroh)
el perro

________________ la bicicleta ________________

- ☐ **el balcón** *(bal-kon)* .... balcony ________________
- ☐ **la batalla** *(bah-tah-yah)* .... battle ________________
- ☐ **el biftec** *(beef-tek)* .... beefsteak ________________
- ☐ **blando** *(blan-doh)* .... bland ________________
- ☐ **la botella** *(boh-teh-ya)* .... bottle ________________

(gah-toh)
el gato

(har-deen)
el jardín

(koh-rreh-oh)
el correo

el correo

(boo-son)
el buzón
mailbox

(floh-res)
las flores

(teem-breh)
el timbre

Peel off the next 19 labels **y** wander through your **casa** learning these new **palabras.** Granted, it will be somewhat difficult to label your **perro,** your **gato o las flores,** but use your imagination.

Again, practice by asking yourself, "**¿Dónde está el jardín?**" and reply, "**Allí** (there) **está el jardín.**"

¿Dónde está

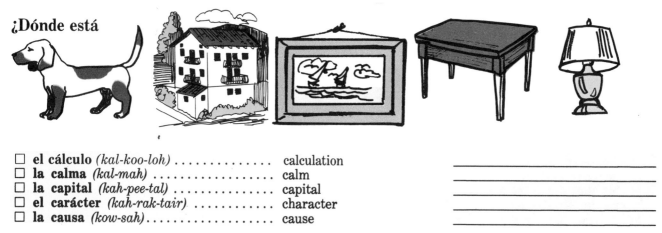

- ☐ **el cálculo** *(kal-koo-loh)* . . . . calculation
- ☐ **la calma** *(kal-mah)* . . . . calm
- ☐ **la capital** *(kah-pee-tal)* . . . . capital
- ☐ **el carácter** *(kah-rak-tair)* . . . . character
- ☐ **la causa** *(kow-sah)* . . . . cause

Step 4

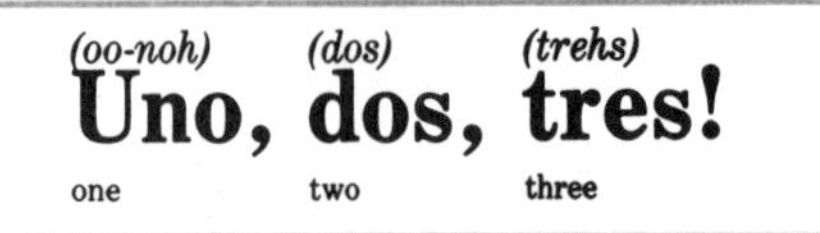

(oo-noh) (dos) (trehs)
Uno, dos, tres!
one two three

(ool-tee-moh) (een-gles)
"Uno, dos, tres, el último es inglés . . . "
One two three the last is (an) English(man)

Walking through the streets of Buenos Aires, you might hear children reciting this rhyme. By using the three counting words, **uno, dos, tres,** the children might be choosing sides for a game like **el fútbol** *(foot-bohl)* (soccer). But what about the other **números** *(noo-meh-rohs)* (numbers)? You'll find that many of them are similar to English **palabras.** For example, notice how **"uno"** (one) resembles "union" and "unicycle." Or how about "trio" and **"tres,"** (three) or "octagon" and **"ocho"** (eight)? **Y,** notice the similarities (underlined) below between English counting **palabras** such as eight and eighteen and Spanish counting **palabras** like **ocho** (eight) **y dieciocho** *(diez y ocho)* (ten and eight). After practicing **las palabras** out loud, cover the **español y** write out **los números** (numbers) 1 through 10 in the blanks.

0	*(seh-roh)* **cero**			0	cero
1	*(oo-noh)* **uno**	11	*(on-seh)* **once**	1	________
2	*(dos)* **dos**	12	*(doh-seh)* **doce**	2	________
3	*(trehs)* **tres**	13	*(treh-seh)* **trece**	3	________
4	*(kwah-troh)* **cuatro**	14	*(kah-tor-seh)* **catorce**	4	________
5	*(seen-koh)* **cinco**	15	*(keen-seh)* **quince**	5	________
6	*(sehs)* **seis**	16	*(dee-eh-see-sehs)* **dieciséis**	6	________
7	*(see-eh-teh)* **siete**	17	*(dee-eh-see-see-eh-teh)* **diecisiete**	7	________
8	*(oh-choh)* **ocho**	18	*(dee-eh-see-oh-choh)* **dieciocho**	8	________
9	*(nweh-veh)* **nueve**	19	*(dee-eh-see-nweh-veh)* **diecinueve**	9	________
10	*(dee-es)* **diez**	20	*(vain-teh)* **veinte**	10	________

- ☐ **el centro** *(sen-troh)* . . . . center ________
- ☐ **el cheque** *(cheh-keh)* . . . . check ________
- ☐ **el chocolate** *(choh-koh-lah-teh)* . . . . chocolate ________
- ☐ **el círculo** *(seer-koo-loh)* . . . . circle ________
- ☐ **la civilización** *(see-vee-lee-sah-see-ohn)* . civilization ________

Use these **números** *(noo-meh-rohs)* on a daily basis. Count to yourself **en español** (in Spanish) when you exercise or commute to work. Remove the next **diez** *(dee-es)* (ten) labels and use them to practice. Now fill in the following blanks according to the **números** given in parentheses.

Note: This is a good time to start learning these two important phrases.

(yoh) (kee-yeh-roh) **Yo quiero**	=	I would like/want	Yo quiero
(noh-soh-tros) (keh-reh-mos) **Nosotros queremos**	=	we would like/want	______

Yo quiero	______ (15)	*(oh-has) (deh)(pah-pel)* **hojas de papel.** sheets of paper	**¿Cuántas?**	______ (15)
Yo quiero	______ (10)	*(tar-heh-tas) (pos-tah-les)* **tarjetas postales.** postcards	**¿Cuántas?**	______ (10)
Yo quiero	______ (11)	*(teem-brehs)* **timbres.** stamps	**¿Cuántos?**	______ (11)
Yo quiero	______ (8)	*(lee-tros) (deh)(gah-soh-lee-nah)* **litros de gasolina.** liters of gas	**¿Cuántos?**	ocho (8)
Yo quiero	______ (1)	*(vah-soh) (deh) (nah-ran-hah-dah)* **vaso de naranjada.** glass of orangeade	**¿Cuánto?**	______ (1)
Nosotros queremos	______ (3)	*(tah-sas) (teh)* **tazas de té.** cups of tea	**¿Cuántas?**	______ (3)
Nosotros queremos	______ (4)	*(bee-yeh-tes)* **billetes.** tickets	**¿Cuántos?**	______ (4)
Nosotros queremos	dos (2)	*(sair-veh-sas)* **cervezas.** beers	**¿Cuántas?**	______ (2)
Yo quiero	______ (12)	*(weh-vos) (fres-kos)* **huevos frescos.** eggs fresh	**¿Cuántos?**	______ (12)
Nosotros queremos	______ (6)	*(kee-los) (kar-neh)* **kilos de carne.** kilograms of meat	**¿Cuántos?**	______ (6)
Nosotros queremos	______ (5)	*(vah-sos) (ah-gwah)* **vasos de agua.** glasses of water	**¿Cuántos?**	______ (5)
Yo quiero	______ (7)	*(vee-noh)* **vasos de vino.** glasses of wine	**¿Cuántos?**	______ (7)
Nosotros queremos	______ (2)	*(kee-los) (man-teh-kee-yah)* **kilos de mantequilla.** kilograms of butter	**¿Cuántos?**	______ (2)

- ☐ **la clase** *(klah-seh)* .... class ______
- ☐ **la colección** *(koh-lek-see-ohn)* .... collection ______
- ☐ **cómico** *(koh-mee-koh)* .... comical ______
- ☐ **la compañía** *(kom-pan-yee-ah)* .... company ______
- ☐ **la comunicación** *(koh-moo-nee-kah-see-ohn)* . . communication ______

Now see if you can translate the following thoughts into **español**. The answers are at the bottom of the **página** *(pah-hee-nah)* page.

1. I would like 7 postcards.

____

2. I would like 1 beer.

Yo quiero una cerveza.

3. We would like 2 glasses of water.

____

4. We would like 3 theater tickets.

____

Review **los números** 1 through 20 **y** answer the following questions aloud, **y** then write the answers in the blank spaces.

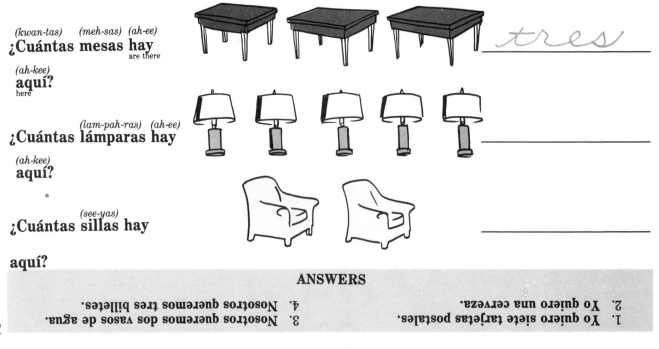

¿Cuántas *(kwan-tas)* **mesas** *(meh-sas)* **hay** *(ah-ee)* are there **aquí?** *(ah-kee)* here

tres

¿Cuántas lámparas *(lam-pah-ras)* **hay** *(ah-ee)* **aquí?** *(ah-kee)*

____

¿Cuántas sillas *(see-yas)* **hay aquí?**

____

ANSWERS

1. **Yo quiero siete tarjetas postales.**
2. **Yo quiero una cerveza.**
3. **Nosotros queremos dos vasos de agua.**
4. **Nosotros queremos tres billetes.**

¿**Cuántos** *(reh-loh-hes)* **relojes hay aquí?**

____

¿**Cuántas** *(ven-tah-nas)* **ventanas hay aquí?**

____

¿**Cuántas** *(pair-soh-nas)* **personas hay aquí?**

¿**Cuántos** *(om-bres)* **hombres hay aquí?**

____

¿**Cuántas** *(moo-heh-res)* **mujeres hay aquí?**

____

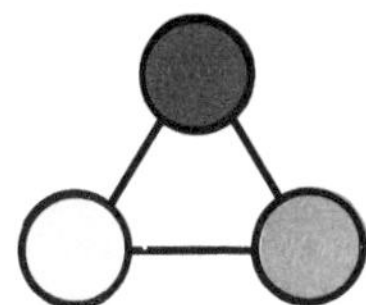

(koh-loh-res) Los Colores (colors)

Step 5

Los colores son (are) the same **en México** as **en los** *(es-tah-dohs-oo-nee-dohs)* **Estados Unidos** (United States)—they just have different *(nom-bres)* **nombres** (names). You can easily recognize *(vee-oh-leh-tah)* **violeta** as violet and *(poor-poo-rah)* **púrpura** as purple. So when you are invited to someone's *(kah-sah)* **casa** (house) **y** you want to bring flowers, you will be able to order the color you want. (Contrary to American custom, **en** *(eh-oo-roh-pah)* **Europa** (Europe) *(floh-res)* **flores** (flowers) *(roh-has)* **rojas** (red), **y** particularly *(roh-sas)* **rosas** (roses) **rojas,** are only exchanged between lovers!) Let's learn the basic *(koh-loh-res)* **colores.** Once you have read through **la** *(lees-tah)* **lista** (list) on the next *(pah-hee-nah)* **página** (page), cover the **español con** (with) your *(mah-noh)* **mano** (hand) **y** practice writing out the **español** next to the **inglés.** Notice the similarities (underlined) between the **palabras en español y en inglés.**

- ☐ **la condición** *(kon-dee-see-ohn)* . . . . condition ___________________
- ☐ **la conversación** *(kon-vair-sah-see-ohn)* . conversation ___________________
- ☐ **correcto** *(koh-rrek-toh)* . . . . correct ___________________
- ☐ **la crema** *(kreh-mah)* . . . . cream ___________________
- ☐ **la cultura** *(kool-too-rah)* . . . . culture ___________________

(blan-koh) **blanco**	=	white ________	**El** *(bar-koh)* **barco** (boat) **es blanco.**
(neh-groh) **negro**	=	black ________	**La** *(peh-loh-tah)* **pelota** (ball) **es negra.**
(ah-mah-ree-yoh) **amarillo**	=	yellow ________	**El** *(plah-tah-noh)* **plátano** (banana) **es amarillo.**
(roh-hoh) **rojo**	=	red ________	**El** *(lee-broh)* **libro** (book) **es rojo.**
(ah-sool) **azul**	=	blue ________	**El** *(ow-toh-moh-veel)* **automóvil es azul.**
(grees) **gris**	=	gray ________	**El** *(eh-leh-fan-teh)* **elefante es gris.**
(mah-rron) **marrón**	=	brown ________	**La** *(see-yah)* **silla** (chair) **es marrón.**
(vair-deh) **verde**	=	green verde	**La** *(yair-bah)* **hierba** (grass) **es verde.**
(roh-sah-doh) **rosado**	=	pink ________	**La** *(flohr)* **flor es rosada.**
(mool-tee-koh-lor) **multicolor**	=	multi-colored ________	**La** *(lam-pah-rah)* **lámpara es multicolor.**

Now peel off the next *(dee-es)* **diez** labels **y** proceed to label these **colores en** your **casa.** Now let's practice using these **palabras.**

¿Dónde está el barco (boat) **blanco?** **Allí está el barco** ________.

¿Dónde está la mesa (table) **negra?** **Allí está la mesa** negra.

¿Dónde está la silla (chair) **marrón?** **Allí está la silla** ________.

¿Dónde está la pelota (ball) **blanca?** **Allí está la pelota** ________.

¿Dónde está la lámpara multicolor? **Allí está la lámpara** ________.

¿Dónde está el libro (book) **rojo?** **Allí está el libro** ________.

☐ **decente** *(deh-sen-teh)*	decent	________
☐ **la decisión** *(deh-see-see-ohn)*	decision	________
☐ **la declaración** *(deh-klah-rah-see-ohn)*	declaration	________
☐ **depender** *(deh-pen-dair)*	to depend	________
☐ **la desgracia** *(des-grah-see-ah)*	disgrace	________

¿Dónde está la puerta verde? Allí está la puerta__________.

¿Dónde está la casa rosada? Allí está la casa____________.

¿Dónde está el plátano amarillo? Allí está el plátano

____.

Note: **En español,** the verb for "to have" **es "tener."**

Yo tengo = I have ______________ **Nosotros tenemos** = we have ______________

Let's review **querer** (to like/to want) **y** learn **tener.** Be sure to repeat each sentence out loud.

Yo quiero un vaso *(vah-soh)* (glass) **de cerveza.**

Yo tengo (have) **un vaso de cerveza.**

Nosotros queremos (would like/want) **dos vasos de vino.**

Nosotros tenemos (have) **dos vasos de vino.**

Yo quiero un vaso de agua.

Yo tengo una casa.

Nosotros queremos una ensalada.

Yo tengo una casa en América.

Nosotros queremos tener un automóvil.

Yo tengo un automóvil.

Nosotros queremos tener un automóvil en Europa.

Nosotros tenemos un automóvil en Europa.

Now fill in the following blanks **con** the correct form of **tener or querer.**

Nosotros tenemos ________ **tres automóviles.**
(we have)

____________________ **dos billetes.**
(we would like)

____________________ **una pintura.**
(I have)

____________________ **siete tarjetas postales.**
(I would like)

- ☐ **la diferencia** *(dee-feh-ren-see-ah)* .... difference ____________
- ☐ **la distancia** *(dees-tan-see-ah)* .... distance ____________
- ☐ **la división** *(dee-vee-see-ohn)* .... division ____________
- ☐ **el doctor** *(dok-tor)* .... doctor ____________
- ☐ **el documento** *(doh-koo-men-toh)* .... document ____________

Aquí está *(ah-kee)* [here] a quick review of **los colores.** Draw lines between **las palabras españolas y los colores correctos.** On your mark, get set, *GO!*

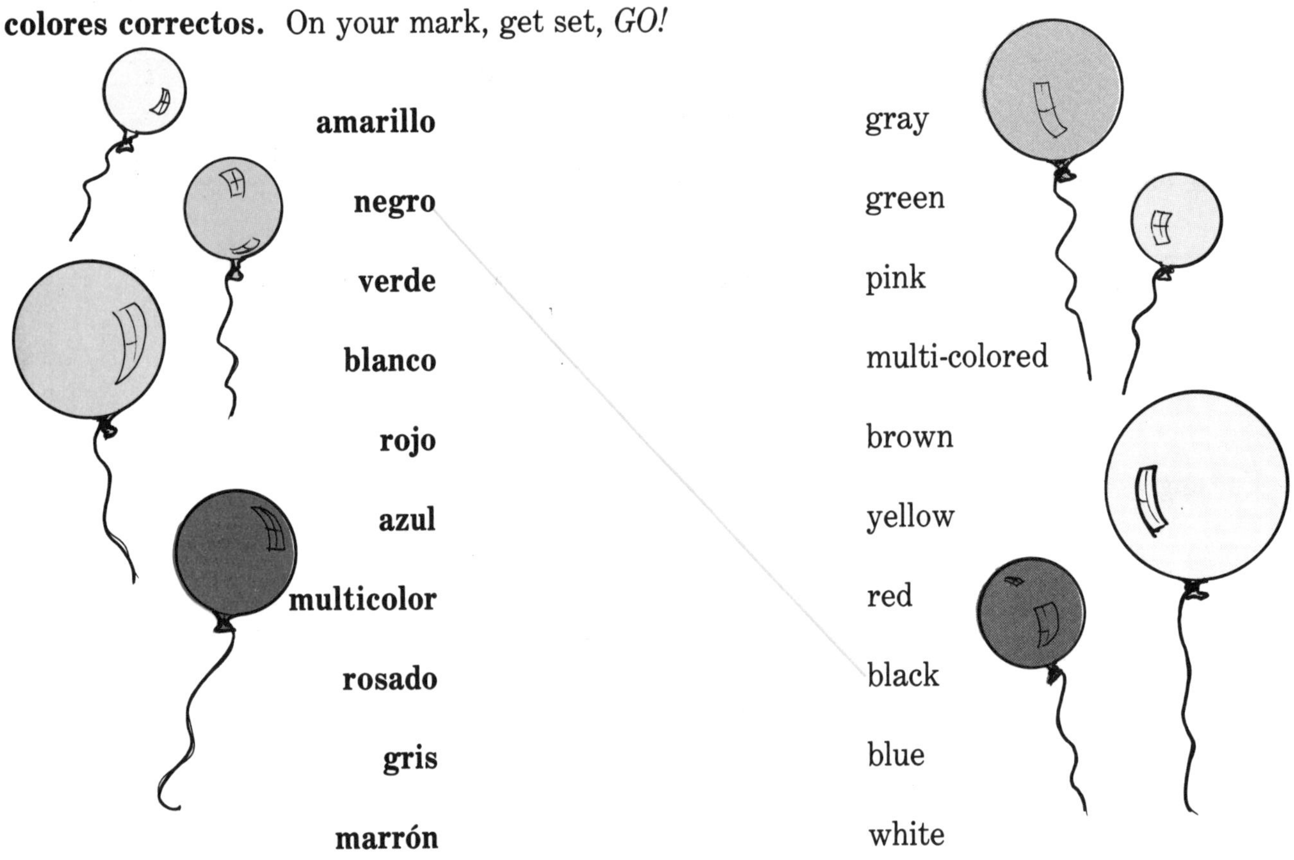

Plurals are generally formed by adding "s" (after a vowel) or "es" (after a consonant).

la bicicleta *(bee-see-kleh-tah)* bicycle	**las bicicletas** *(bee-see-kleh-tahs)*
el teléfono *(teh-leh-foh-noh)*	**los teléfonos** *(teh-leh-foh-nos)*
el autobús *(ow-toh-boos)* bus	**los autobuses** *(ow-toh-boo-sehs)*

Notice that adjectives agree with the gender and number of the nouns they modify.

la bicicleta roja *(roh-hah)* red	**las bicicletas rojas** *(roh-hahs)*
el teléfono negro *(neh-groh)* black	**los teléfonos negros** *(neh-gros)*
el autobús verde *(vehr-deh)* green	**los autobuses verdes**

- ☐ **la economía** *(eh-koh-noh-mee-ah)* .... economy ____________________
- ☐ **eléctrico** *(eh-lek-tree-koh)* .... electric ____________________
- ☐ **enorme** *(eh-nor-meh)* .... enormous ____________________
- ☐ **entrar** *(en-trar)* .... to enter ____________________
- ☐ **el error** *(eh-rror)* .... error ____________________

Step 6

El Dinero *(dee-neh-roh)*

money

Before starting this Step, go back **y** review Step 4. Make sure you can count to **veinte** *(vain-teh)* without looking back at **el libro**. Let's learn the larger **números** *(noo-meh-rohs)* now, so if something costs more than 20 **pesos** *(peh-sohs)* you will know exactly **cuanto** it costs. After practicing aloud **los números españoles** 10 through 100 below, write these **números** in the blanks provided. Again, notice the similarities (underlined) between **números** such as **seis** *(sehs)* (6), **dieciséis** *(dee-eh-see-sehs)* (16), **sesenta** *(seh-sen-tah)* (60) **y** **seiscientos** *(sehs-see-en-tos)* (600).

10	*(dee-es)* **diez**			10 ____________
20	*(vain-teh)* **veinte**	**(dos**	**= 2)**	20 veinte
30	*(train-tah)* **treinta**	**(tres**	**= 3)**	30 ____________
40	*(kwah-ren-tah)* **cuarenta**	**(cuatro**	**= 4)**	40 ____________
50	*(seen-kwen-tah)* **cincuenta**	**(cinco**	**= 5)**	50 ____________
60	*(seh-sen-tah)* **sesenta**	**(seis**	**= 6)**	60 ____________
70	*(seh-ten-tah)* **setenta**	**(siete**	**= 7)**	70 ____________
80	*(oh-chen-tah)* **ochenta**	**(ocho**	**= 8)**	80 ____________
90	*(noh-ven-tah)* **noventa**	**(nueve**	**= 9)**	90 ____________
100	*(see-en)* **cien**			100 ____________
200	*(dos-see-en-tos)* **doscientos**			200 ____________
300	*(trehs-see-en-tos)* **trescientos**			300 ____________
400	*(kwah-troh-see-en-tos)* **cuatrocientos**			400 ____________
500	*(kee-nee-en-tos)* **quinientos**			500 ____________
600	*(sehs-see-en-tos)* **seiscientos**			600 ____________
700	*(seh-teh-see-en-tos)* **setecientos**			700 ____________
800	*(oh-cho-see-en-tos)* **ochocientos**			800 ____________
900	*(noh-veh-see-en-tos)* **novecientos**			900 ____________
1000	*(meel)* **mil**			1000 ____________

The unit of currency **en México** *(meh-hee-koh)* **es el peso** *(peh-soh)*. A bill is called **un billete** *(bee-yeh-teh)* (like a ticket!) and a coin is called **una moneda** *(moh-neh-dah)*. Just as **un dólar americano** can be broken down into 100 pennies, **un peso** can be broken down into 100 **centavos** *(sen-tah-vos)*. (Coins are also called **cambio** *(kahm-bee-oh)*, meaning "change.") Let's learn the various kinds of **billetes y monedas.** Always be sure to practice each **palabra** out loud. You might want to exchange some money **ahora** *(ah-oh-rah)* (now) so that you can familiarize yourself **con** the **varios** *(vah-ree-ohs)* (various) **billetes y monedas.**

Billetes

(dee-es)
diez pesos

(vain-teh)
veinte pesos

(seen-kwen-tah)
cincuenta pesos

(see-en)
cien pesos

(dohs-see-en-tohs)
doscientos pesos

(kee-nee-en-tohs)
quinientos pesos

Monedas

(seen-koh)
cinco centavos

(dee-es)
diez centavos

veinte centavos

cincuenta centavos

(oon)
un peso

dos pesos

diez pesos

veinte pesos

English words that start with **sp** or **st** have an **e** in front of them in **español.**

- ☐ **espléndido** *(es-plen-dee-doh)* .... splendid ____________________
- ☐ **la estación** *(es-tah-see-ohn)* .... station ____________________
- ☐ **el estado** *(es-tah-doh)* .... state ____________________
- ☐ **el estudiante** *(es-too-dee-an-teh)* .... student ____________________

Review **los números diez** through **mil** again. **Ahora, cómo** do you say "twenty-two" **o** "fifty-three" **en español?** Just as **en inglés,** but with an **"y"** added—twenty-and-two *(veinte y dos)*, **o** fifty-and-three *(cincuenta y tres)*. See if you can say **y** write out **los números** on this **página.** The answers **están** at the bottom of the **página.**

a. 25 = ________________ (20 and 5)

b. 47 = cuarenta y siete (40 and 7)

c. 84 = ________________ (80 and 4)

d. 51 = ________________ (50 and 1)

e. 36 = ________________ (30 and 6)

f. 93 = ________________ (90 and 3)

g. 68 = ________________ (60 and 8)

h. 72 = ________________ (70 and 2)

To ask what something costs **en español**, you say, **"¿Cuánto** *(kwahn-toh)* **cuesta** *(kwehs-tah)* **esto?" Ahora** *(ah-oh-rah)* (now), answer the following questions based on the **números** in parentheses.

1. **¿Cuánto cuesta** (costs) **esto** (this)**?** — **Cuesta** ________________ (10.000) **pesos.**
2. **¿Cuánto cuesta esto** (this)**?** — **Cuesta** ________________ (20.000) **pesos.**
3. **¿Cuánto cuesta el libro?** — **Cuesta** ________________ (17.000) **pesos.**
4. **¿Cuánto cuesta la tarjeta postal?** — **Cuesta** ________________ (2.000) **pesos.**
5. **¿Cuánto cuesta el rollo** *(roh-yoh)* (roll) **de película** *(peh-lee-koo-lah)* (film)**?** — **Cuesta** ________________ (5.000) **pesos.**
6. **¿Cuánto cuesta el cuarto?** — **Cuesta** ________________ (150.000) **pesos.**
7. **¿Cuánto cuesta la pintura?** — **Cuesta** ________________ (324.000) **pesos.**

a. **veinte y cinco**
b. **cuarenta y siete**
c. **ochenta y cuatro**
d. **cincuenta y uno**
e. **treinta y seis**
f. **noventa y tres**
g. **sesenta y ocho**
h. **setenta y dos**

1. **diez mil**
2. **veinte mil**
3. **diecisiete mil**
4. **dos mil**
5. **cinco mil**
6. **ciento cincuenta mil**
7. **trescientos veinte y cuatro mil**

Congratulations!

Step 7

Hoy, Mañana y Ayer

(oy) (mahn-yah-nah) (ah-yair)
today tomorrow and yesterday

El calendario

(kah-len-dah-ree-oh)

Una semana tiene siete días.
(seh-mah-nah) week (tee-en-neh) has (dee-as) days

lunes	martes	miércoles	jueves	viernes	sábado	domingo
1	2	3	4	5	6	7

Es (it is) **muy** (mwee) (very) **importante** (eem-por-tahn-teh) to know the **días** (dee-as) (days) of **la semana y** the **varias** (vah-ree-ahs) (various) **partes** (par-tes) (parts) of **el día. Los mexicanos** (Mexicans) begin counting their week on Monday with **lunes.**

(loo-nes)
lunes _______________
Monday

(mar-tes)
martes _______________
Tuesday

(mee-air-koh-les)
miércoles _______________
Wednesday

(hoo-eh-ves)
jueves _______________
Thursday

(vee-air-nes)
viernes _______________
Friday

(sah-bah-doh)
sábado _______________
Saturday

(doh-meen-goh)
domingo _______________
Sunday

If **hoy** (oy) **es** (is) **miércoles,** then **mañana** (mahn-yah-nah) **es jueves y ayer** (ah-yair) **era** (eh-rah) (was) **martes. Ahora,** you supply the correct answers. If **hoy es lunes,** then **mañana es** martes **y ayer era** _______________. Or, if **hoy es lunes,** then _______________ **es martes y** _______________ **era domingo. ¿Qué día es hoy? Hoy es** _______________.

Ahora, peel off the next **siete** labels **y** put them on a **calendario** (kah-len-dah-ree-oh) you use every day. From **ahora** on, Monday **es lunes!**

- ☐ **exacto** *(eh-sak-toh)* .... exact _______________
- ☐ **excelente** *(eh-seh-len-teh)* .... excellent _______________
- ☐ **existir** *(eh-sis-tir)* .... to exist _______________
- ☐ **la expresión** *(es-preh-see-ohn)* .... expression _______________
- ☐ **el extremo** *(es-treh-moh)* .... extreme _______________

There are **tres partes** to each **día en español.**
day

morning = *(mahn-yah-nah)* **la mañana** ____________________

afternoon = *(tar-deh)* **la tarde** ____________________

evening/night = *(noh-cheh)* **la noche** la noche

Notice that **mañana** means both morning **y** tomorrow **en español.** Also notice below that the day of the week is followed by *(pohr)* **por** (in). So, if you want to say tomorrow morning, you have to say **mañana** *(pohr)* **por** (in) **la mañana! Ahora,** fill in the following blanks **y** then check your answers at the bottom of **la página.**

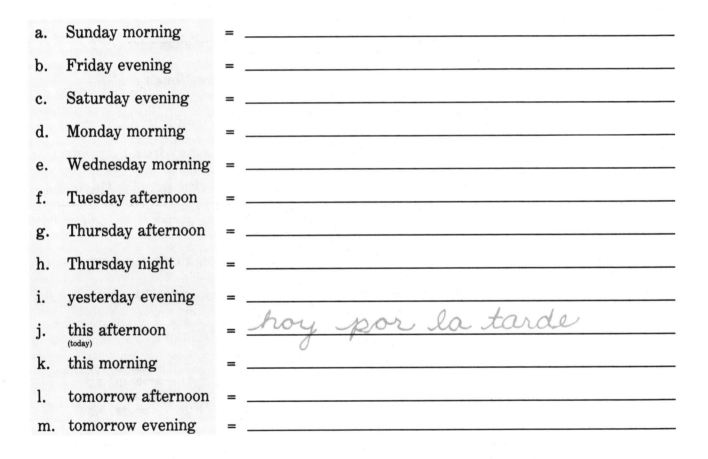

a. Sunday morning = ____________________

b. Friday evening = ____________________

c. Saturday evening = ____________________

d. Monday morning = ____________________

e. Wednesday morning = ____________________

f. Tuesday afternoon = ____________________

g. Thursday afternoon = ____________________

h. Thursday night = ____________________

i. yesterday evening = ____________________

j. this afternoon (today) = hoy por la tarde

k. this morning = ____________________

l. tomorrow afternoon = ____________________

m. tomorrow evening = ____________________

ANSWERS

a. **domingo por la mañana**
b. **viernes por la noche**
c. **sábado por la noche**
d. **lunes por la mañana**
e. **miércoles por la mañana**
f. **martes por la tarde**
g. **jueves por la tarde**
h. **jueves por la noche**
i. **ayer por la noche**
j. **hoy por la tarde**
k. **hoy por la mañana**
l. **mañana por la tarde**
m. **mañana por la noche**

So, **con** merely **diez palabras** (plus **"por la"**) you can specify any *(dee-ah)* **día** of the *(seh-mah-nah)* **semana** (week) **y** any time of the **día. Las palabras <u>hoy</u>, <u>mañana</u> y <u>ayer</u>** will be *(mwee)* **muy** (very) *(eem-por-tahn-teh)* **importante** for you in making *(reh-sair-vah-cee-oh-nes)* **reservaciones y** appointments, in getting **billetes** for **el** *(teh-ah-troh)* **teatro** (theater) **y** for many things you will wish to do. You can use the *(par-tes)* **partes** of the **día** for greetings **en español,** too. Practice these every day **ahora** until your trip.

good day (hello)	=	*(bwen)* **buen día**	______________________
good morning	=	*(bweh-nos)* **buenos días**	______________________
good afternoon	=	*(bweh-nahs)* **buenas tardes**	______________________
good night	=	**buenas noches**	______________________

Take the next **cuatro** labels **y** stick them on the appropriate *(koh-sas)* **cosas** (things) in your **casa.** How about the bathroom mirror for **"buenos días"? O** your desk for **"buenas tardes"? O** the alarm clock for **"buenas noches"? O** your kitchen cabinet for **"buen día"?** Remember that whenever you enter small shops **y** stores **en México,** you will hear the appropriate greeting for the time of day. Don't be surprised. **Es** a *(mwee)* **muy** friendly **y** warm custom. Everyone greets everyone **y** you should too, if you really want to enjoy **México!** You **ésta** (are) about one-fourth of your way through **el libro, y es un** (it is) *(bwehn)* **buen** (good) time to quickly review **las palabras** you have learned before doing the crossword puzzle on the next **página.** Have fun and **buena** *(soo-air-teh)* **suerte!** (luck) **O** *(koh-moh)* **como** (like) we say **en inglés,** lots of luck!

ANSWERS TO CROSSWORD PUZZLE

4. **día**	36. **porqué**	1. **mañana**	30. **tres**
5. **bicicleta**	38. **sí**	2. **calma**	31. **perro**
11. **ayer**	39. **lunes**	3. **uno**	32. **de**
13. **alfombra**	41. **correo**	6. **civilización**	33. **cero**
14. **activo**	42. **pared**	7. **estado**	35. **silla**
16. **marrón**	44. **casa**	8. **carácter**	37. **quién**
17. **cama**	46. **forma**	9. **tengo**	40. **eso**
19. **doctor**	47. **nosotros**	10. **lámpara**	42. **papel**
23. **abril**	50. **familia**	12. **yo**	43. **domingo**
24. **correcto**	51. **trece**	15. **timbre**	45. **seis**
25. **hoy**	52. **billete**	18. **peso**	46. **foto**
28. **sábado**	54. **mesa**	19. **decisión**	48. **treinta**
29. **anterior**	56. **quiero**	20. **ocho**	49. **causa**
32. **decente**	57. **acto**	21. **rosado**	53. **exacto**
34. **cuestión**	58. **noche**	22. **cocina**	55. **sí**
		26. **balcón**	56. **qué**

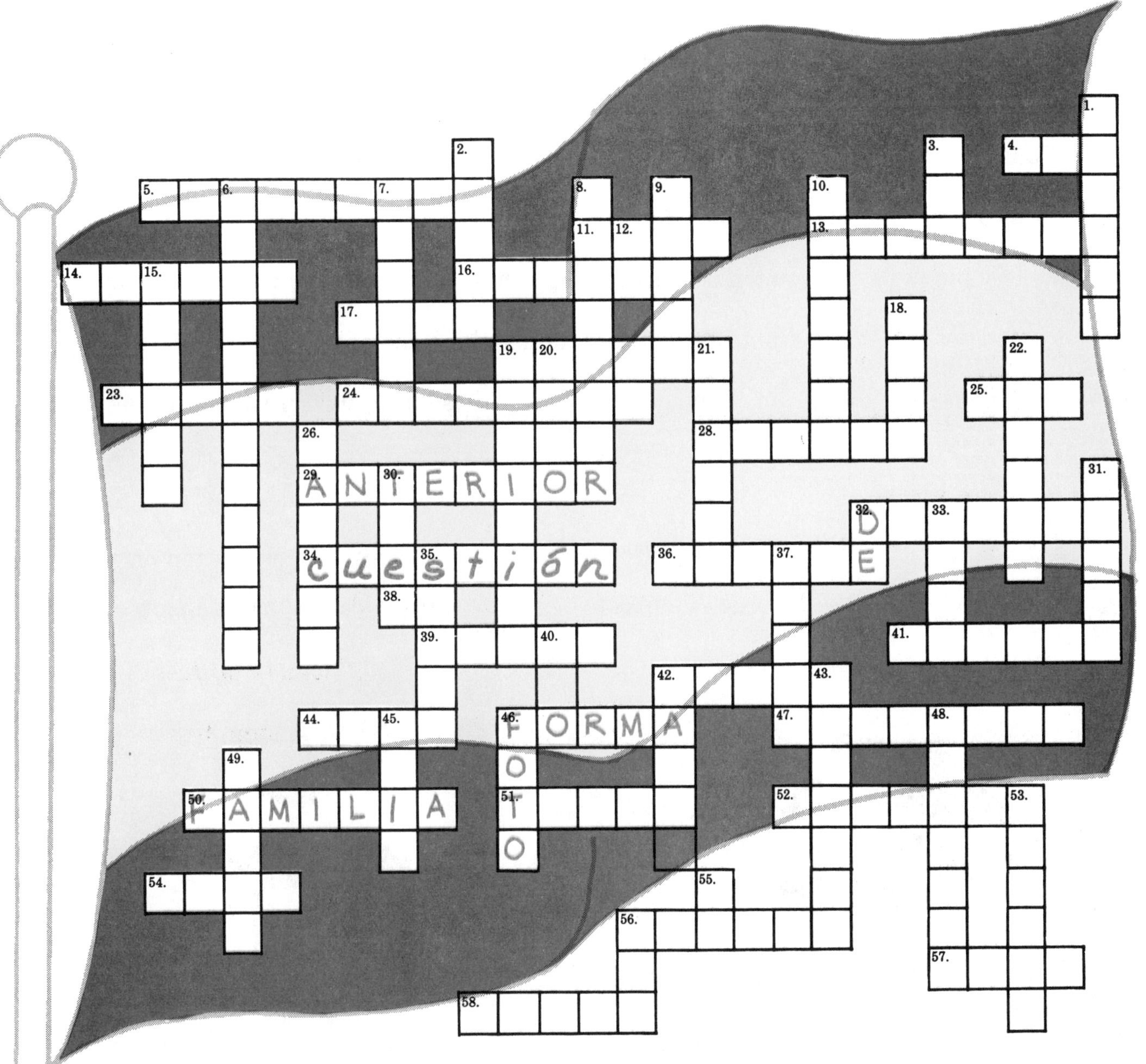

ACROSS

4. day
5. bicycle
11. yesterday
13. rug
14. active
16. brown
17. bed
19. doctor
23. April
24. correct
25. today
28. Saturday
29. front, earlier
32. decent
34. question
36. why
38. yes
39. Monday
41. mail
42. wall
44. house
46. form
47. we
50. family
51. thirteen
52. bill, ticket
54. table
56. (I) would like
57. act
58. night

DOWN

1. morning
2. calm
3. one
6. civilization
7. state
8. character
9. (I) have
10. lamp
12. I
15. doorbell
18. Mexican currency
19. decision
20. eight
21. pink
22. kitchen
26. balcony
30. three
31. dog
32. of
33. zero
35. chair
37. who
40. that
42. paper
43. Sunday
45. six
46. photograph
48. thirty
49. cause
53. exact
55. yes
56. what

Step 8

(en) (deh) (soh-breh)
En, De, Sobre
in from on top of

Prepositions **en español** (words like "in," "through," "next to") **son** *(sohn)* (are) easy to learn **y** they allow you to be **preciso** *(preh-see-soh)* (precise) **con** a **mínimo** *(mee-nee-moh)* (minimum) of effort. Instead of having to point **cuatro** times at a piece of yummy pastry you wish to order, you can explain precisely which one you want by saying **es** (it is) behind, in front of, next to **o** under the piece of pastry which the salesperson is starting to pick up. Let's learn some of these little **palabras.** Study the examples below.

a *(ah)* = to, at	**en** *(en)* = into, in	**sobre** *(soh-breh)* = on, on top of, above
de* *(deh)* = of, from	**al lado de** *(ahl)(lah-doh)* = next to	**debajo de** *(deh-bah-hoh)* = under, below

El hombre anda *(ahn-dah)* (walks) **_al_** *(ahl)* (to the) **hotel.**

El hombre entra *(en-trah)* (enters) **_en_** (into) **el hotel.**

El doctor está (is) **_en_** (in) **el hotel.**

La mujer viene *(vee-eh-neh)* (comes) **_del_** *(del)* (from the) **hotel.**

La pintura roja está _sobre_ (above) **la mesa.**

La pintura roja está _al lado del_ reloj.

La mesa marrón está _debajo de_ (below) **la pintura.**

El perro negro está _al lado de_ la mesa.

El reloj verde está _sobre_ la mesa.

El reloj verde está _al lado de_ la pintura.

* Remember that **a** and **de** combine with **el** to form **al** and **del.**

- ☐ **la fama** *(fah-mah)* .... fame __________
- ☐ **la familia** *(fah-mee-lee-ah)* .... family __________
- ☐ **famoso** *(fah-moh-soh)* .... famous __________
- ☐ **favor** *(fah-vor)* .... favor __________
  - **—(por favor)** = for a favor .... please __________

Fill in the blanks below **con** the preposition **correcta** *(koh-rrek-tah)* according to the **pinturas** on the previous **página.**

El hombre entra __en__ **el hotel bueno.** *(bweh-noh)* good

El reloj verde está ________ **la mesa.**

El reloj verde está ________ **la pintura.**

La mesa marrón está ________ **la pintura.**

La pintura nueva está ________ **la mesa.**

El perro negro está ________ **la mesa.**

La pintura nueva está ________ **del reloj.**

El hombre anda __al__ **hotel.**

La mujer viene __del__ **hotel nuevo.** *(nweh-voh)* new

El doctor está ________ **el hotel bueno.**

Ahora, answer these questions based on the **pinturas** on the previous **página.**

¿Dónde está el doctor? ____________________

¿Dónde está el perro? ____________________

¿Dónde está la mesa? ____________________

¿Dónde está la pintura? ____________________

¿De dónde viene la mujer? ____________________

¿Adónde anda el hombre? ____________________

¿Es el reloj verde? __Sí, el reloj es verde.__

¿Es el hotel nuevo? __Sí,__

- ☐ **la ficción** *(feek-see-ohn)* . . . . fiction ____________
- ☐ **la figura** *(fee-goo-rah)* . . . . figure ____________
- ☐ **final** *(fee-nal)* . . . . final ____________
- ☐ **la forma** *(for-mah)* . . . . form ____________
- ☐ **la fortuna** *(for-too-nah)* . . . . fortune ____________

Ahora for some more **práctica** *(prahk-tee-kah)* (practice) **con** prepositions **españolas!**

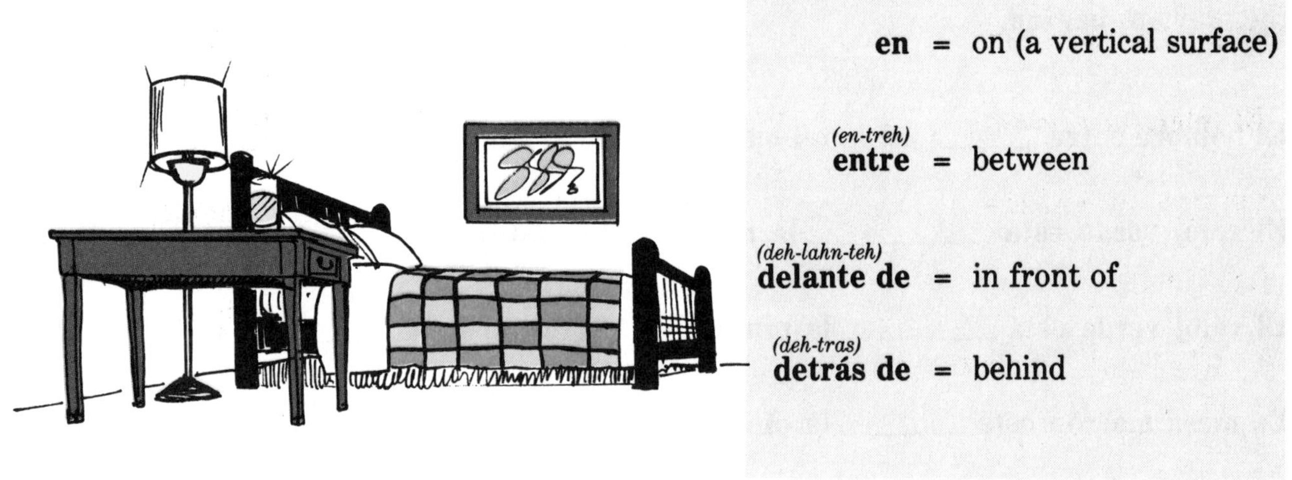

en = on (a vertical surface)

entre *(en-treh)* = between

delante de *(deh-lahn-teh)* = in front of

detrás de *(deh-tras)* = behind

La pintura multicolor está <u>en</u> la pared.	**La pintura está ___en___ la pared.**
La lámpara amarilla está <u>detrás de</u> la mesa.	**La lámpara está ______________ la mesa.**
La mesa marrón está <u>delante de</u> la cama.	**La mesa está ______________ la cama.**
La cama está <u>detrás de</u> la mesa.	**La cama está ______________ la mesa.**
La lámpara está <u>entre</u> la mesa y la cama.	**La lámpara está ______ la mesa y la cama.**

Answer the following questions, based on the **pinturas,** by filling in the blanks **con** the prepositions **correctas.** Choose the prepositions from those you have just learned.

¿Dónde está el libro rojo? — **El libro rojo está ______________ la mesa.**

¿Dónde está el autobús azul? — **El autobús azul está ____________ del hotel.**

- ☐ **la foto** *(foh-toh)* .... photograph ______________
- ☐ **frecuente** *(freh-koo-en-teh)* .... frequent ______________
- ☐ **la fruta** *(froo-tah)* .... fruit ______________
- ☐ **el fugitivo** *(foo-hee-tee-voh)* .... fugitive ______________
- ☐ **el futuro** *(foo-too-rah)*................ future ______________

¿Dónde está el teléfono gris? ¿Dónde está la alfombra verde? ¿Dónde está la pintura?

El teléfono gris está ___en___ **la pared blanca.**

El teléfono gris está ________________ **la mesa negra.**

La mesa negra está ________________________ **el** *(reen-kon)* **rincón.** corner

La alfombra verde está ________________ **la mesa negra.**

La pintura multicolor está ____________ **del teléfono gris.**

Ahora, fill in the blanks on the **hotel** below **con** the best preposition *(poh-see-bleh)* **posible.** possible The correct answers **están** at the bottom of the **página.**

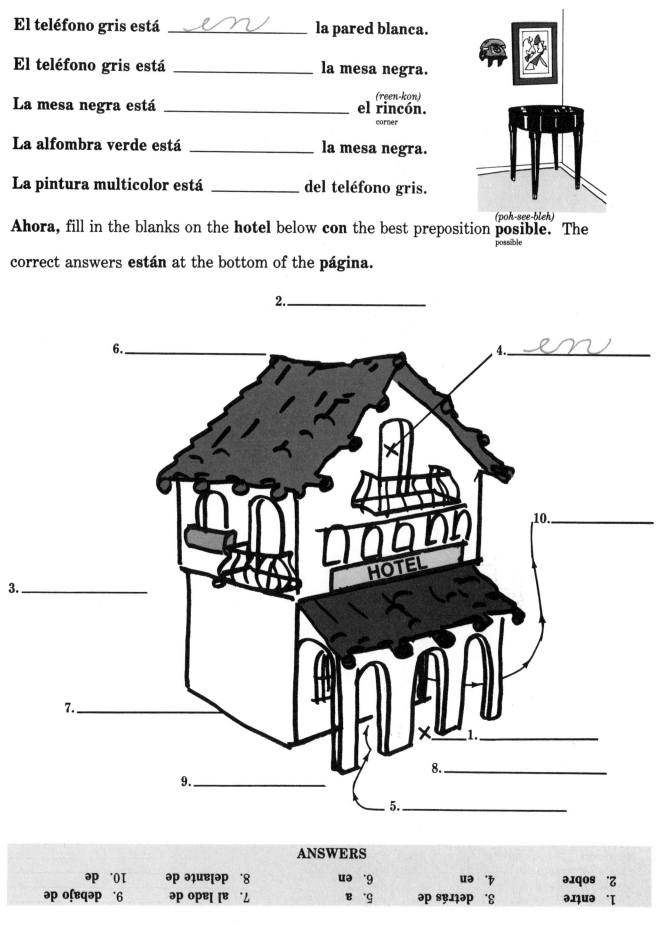

2. ________________

6. ________________

4. ___en___

10. ________________

3. ________________

7. ________________

1. ________________

8. ________________

9. ________________

5. ________________

ANSWERS

1. entre	**3. detrás de**	**5. a**	**7. al lado de**	**9. debajo de**
2. sobre	**4. en**	**6. en**	**8. delante de**	**10. de**

Step 9

(eh-neh-roh) Enero, (feh-breh-roh) Febrero, (mar-soh) Marzo
January, February, March

Treinta días tiene (tee-eh-neh) [has] septiembre (sep-tee-em-breh), abril (ah-breel), junio (hoo-nee-oh) y noviembre (noh-vee-em-breh) . . .

Sound familiar? You have learned the **días de la semana** (seh-mah-nah)**,** so now **es** [it is] **tiempo** (tee-em-poh) [time] to learn the **meses** (meh-ses) [months] **del** [of the] **año** (ahn-yoh) [year] **y** all the **diferentes** (dee-feh-ren-tehs) [different] kinds of **tiempo** [weather] (yes, **tiempo** means both time and weather). **Por** (pohr) [for] **ejemplo** (eh-hem-ploh) [example]**,** you ask about **el tiempo** [weather] **en español** just as you would **en inglés** — **"¿Qué** [what] **tiempo** [weather] **hace** [makes] **hoy** [today]**?"** Practice all the possible answers to this question **y luego** (loo-eh-goh) [then] write the following answers in the blanks below.

¿Qué tiempo hace hoy?

Llueve (yoo-eh-veh) **hoy.** [it is raining] ______________________

Nieva (nee-eh-vah) **hoy.** [it is snowing] ______________________

Hace (ah-seh) **calor** (kah-lor) **hoy.** [makes heat = it is hot] ______________________

Hace (ah-seh) **frío** (free-oh) **hoy.** [makes cold = it is cold] *Hace frío hoy.*

Hace buen (bwen) **tiempo hoy.** [makes good] ______________________

Hace mal (mahl) **tiempo hoy.** [bad] ______________________

Hay (ah-ee) **niebla** (nee-eh-blah) **hoy.** [there is fog] ______________________

Hay (ah-ee) **viento** (vee-en-toh) **hoy.** [there is wind] ______________________

Ahora, practice the **palabras** on the next **página** aloud **y luego** (loo-eh-goh) [then] fill in the blanks with the names of the **meses** (meh-ses) [months] **y** the appropriate weather report.

- ☐ **la gasolina** *(gah-soh-lee-nah)* .... gas ______________________
- ☐ **la gloria** *(gloh-ree-ah)* .... glory ______________________
- ☐ **grave** *(grah-veh)* .... grave, serious ______________________
- ☐ **el grupo** *(groo-poh)* .... group ______________________
- ☐ **guardar** *(goo-ar-dar)* .... to guard, to keep ______________________

(eh-neh-roh) **en enero** ________	*(nee-eh-vah)* **Nieva** (it snows) **en enero.** ________
(feh-breh-roh) **en febrero** ________	**Nieva** *(tam-bee-en)* **también** (also) **en febrero.** ________
(mar-soh) **en marzo** ________	*(yoo-eh-veh)* **Llueve** (it rains) **en marzo.** ________
(ah-breel) **en abril** en abril	**Llueve también** (also) **en abril.** ________
(mah-yoh) **en mayo** ________	*(ah-ee)* **Hay** (there is) *(vee-en-toh)* **viento** (wind) **en mayo.** ________
(hoo-nee-oh) **en junio** ________	**Hay viento también en junio.** ________
(hoo-lee-oh) **en julio** ________	*(ah-seh)* **Hace** (makes) *(kah-lor)* **calor** (heat) **en julio.** Hace calor en julio.
(ah-gos-toh) **en agosto** ________	**Hace calor también en agosto.** ________
(sep-tee-em-breh) **en septiembre** ________	**Hace** *(bwen)* **buen** *(tee-em-poh)* **tiempo en septiembre.** ________
(ok-too-breh) **en octubre** ________	**Hay** (there is) *(nee-eh-blah)* **niebla** (fog) **en octubre.** ________
(noh-vee-em-breh) **en noviembre** ________	**Hace** (makes) *(free-oh)* **frío** (cold) **en noviembre.** ________
(dee-see-em-breh) **en diciembre** ________	**Hace** (makes) **mal** (bad) **tiempo en diciembre.** ________

Ahora, answer the following questions based on the **pinturas** to the right.

¿Qué tiempo hace en febrero? ________

¿Qué tiempo hace en abril? ________

¿Qué tiempo hace en mayo? ________

¿Qué tiempo hace en agosto? ________

¿Hace buen o mal tiempo hoy? ________

- ☐ **habitual** *(ah-bee-too-al)* . . . . habitual ________
- ☐ **la historia** *(ees-toh-ree-ah)* . . . . history ________
- ☐ **honesto** *(oh-nes-toh)* . . . . honest, decent, chaste ________
- ☐ **el honor** *(oh-nor)* . . . . honor ________
- ☐ **el humor** *(oo-mor)* . . . . humor ________

Ahora for the seasons **del** (of the) **año** (ahn-yoh) (year) . . .

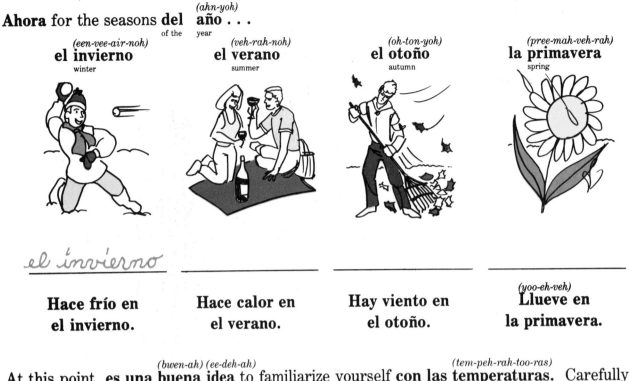

el invierno (een-vee-air-noh) winter	**el verano** (veh-rah-noh) summer	**el otoño** (oh-ton-yoh) autumn	**la primavera** (pree-mah-veh-rah) spring

el invierno ________	________	________	________
Hace frío en el invierno.	**Hace calor en el verano.**	**Hay viento en el otoño.**	**Llueve** (yoo-eh-veh) **en la primavera.**

At this point, **es una buena** (bwen-ah) **idea** (ee-deh-ah) to familiarize yourself **con las temperaturas** (tem-peh-rah-too-ras) (temperatures). Carefully read the typical weather forecasts below **y** study the **termómetro** (tair-moh-meh-troh) (thermometer) because **las temperaturas en México** are calculated on the basis of Centigrade, not Fahrenheit.

Fahrenheit	**Centígrado** (sen-tee-grah-doh)	
212° F ——	100° C	**agua** (water) **hierve** (ee-air-veh) (boils)
98.6° F ——	37° C	**temperatura normal de personas**
68° F ——	20° C	
32° F ——	0° C	**agua sin sal hiela** (seen)(sahl)(ee-eh-lah) (without salt freezes)
0° F ——	-17.8° C	**agua con sal hiela** (with salt freezes)
-10° F ——	-23.3° C	

El tiempo para (pah-rah) (for) **el lunes, el 21 de marzo:**

frío y con viento
temperatura: 5 grados (grah-dos) (degrees)

El tiempo para el martes, el 18 de julio:

hace calor
temperatura: 24 grados

- ☐ **la idea** *(ee-deh-ah)* .... idea ________________
- ☐ **la imaginación** *(ee-mah-hee-nah-see-ohn)* imagination ________________
- ☐ **la importancia** *(eem-por-tan-see-ah)* .... importance ________________
- ☐ **imposible** *(eem-poh-see-bleh)* .... impossible ________________
- ☐ **incorrecto** *(een-koh-rrek-toh)* .... incorrect ________________

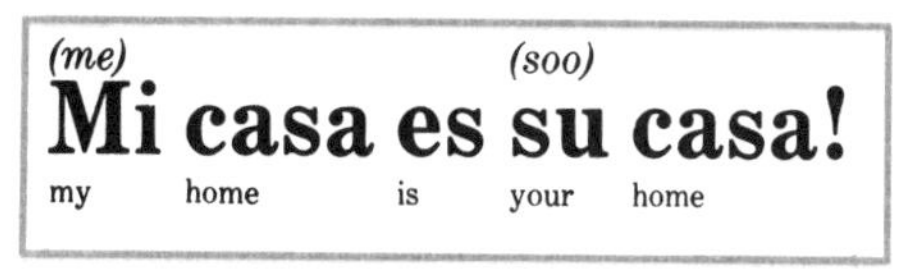

(me) (soo)
Mi casa es su casa!
my home is your home

Step 10

En México, not just the parents, but also the grandparents, aunts, uncles and cousins are all considered as close family, so let's take a look at the **palabras** for them. Study the family tree below **y luego** write out **las palabras nuevas** *(nweh-vahs)* (new) **en** the blanks which follow. Notice that men bear the mother's maiden name after the father's last name, although only the father's last name is used in addressing the person.

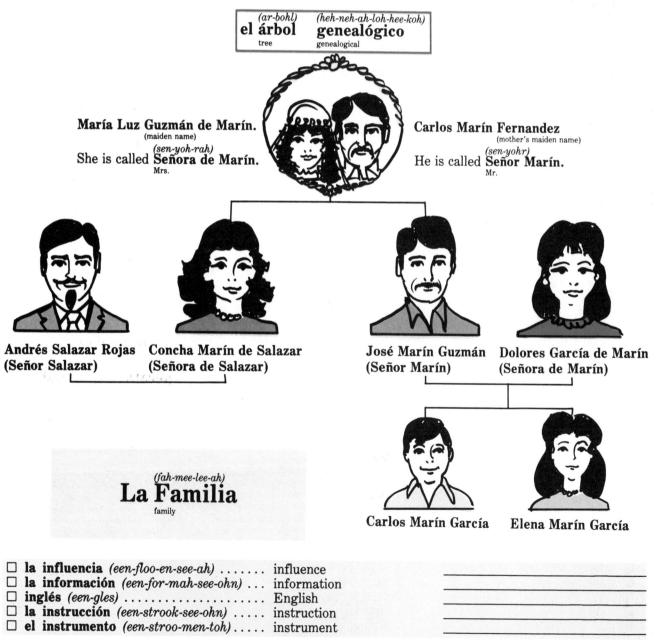

el árbol *(ar-bohl)* (tree) **genealógico** *(heh-neh-ah-loh-hee-koh)* (genealogical)

María Luz Guzmán de Marín. (maiden name)
She is called **Señora de Marín.** *(sen-yoh-rah)* (Mrs.)

Carlos Marín Fernandez (mother's maiden name)
He is called **Señor Marín.** *(sen-yohr)* (Mr.)

Andrés Salazar Rojas
(Señor Salazar)

Concha Marín de Salazar
(Señora de Salazar)

José Marín Guzmán
(Señor Marín)

Dolores García de Marín
(Señora de Marín)

Carlos Marín García

Elena Marín García

La Familia *(fah-mee-lee-ah)* (family)

- ☐ **la influencia** *(een-floo-en-see-ah)* .... influence ____________________
- ☐ **la información** *(een-for-mah-see-ohn)* ... information ____________________
- ☐ **inglés** *(een-gles)* .... English ____________________
- ☐ **la instrucción** *(een-strook-see-ohn)* ..... instruction ____________________
- ☐ **el instrumento** *(een-stroo-men-toh)*..... instrument ____________________

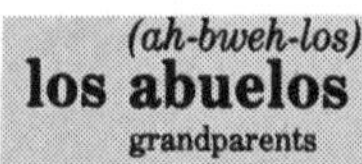

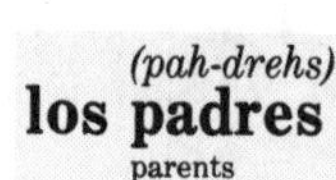

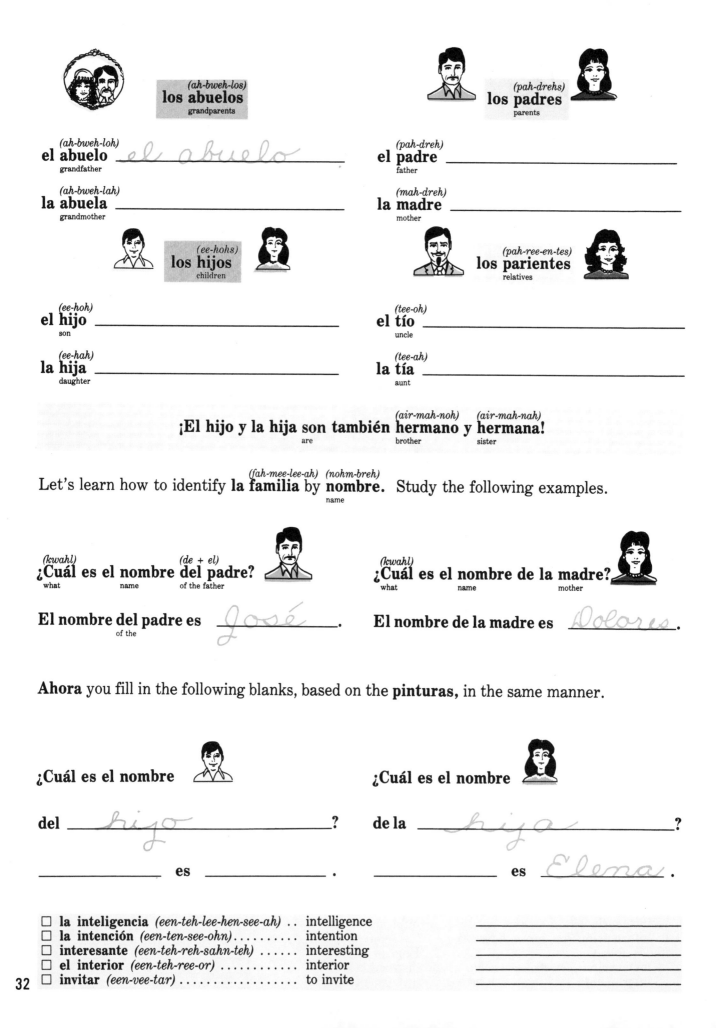

(ah-bweh-loh)
el abuelo el abuelo
grandfather

(ah-bweh-lah)
la abuela ________________
grandmother

(pah-dreh)
el padre ________________
father

(mah-dreh)
la madre ________________
mother

(ee-hohs)
los hijos
children

(ee-hoh)
el hijo ________________
son

(ee-hah)
la hija ________________
daughter

(pah-ree-en-tes)
los parientes
relatives

(tee-oh)
el tío ________________
uncle

(tee-ah)
la tía ________________
aunt

¡El hijo y la hija son también hermano y hermana!
(son = are; *(air-mah-noh)* hermano = brother; *(air-mah-nah)* hermana = sister)

Let's learn how to identify **la familia** *(fah-mee-lee-ah)* by **nombre** *(nohm-breh)* (name). Study the following examples.

(kwahl)
¿Cuál es el nombre del padre?
(Cuál = what; nombre = name; del *(de + el)* = of the father)

El nombre del padre es José.
(del = of the)

(kwahl)
¿Cuál es el nombre de la madre?
(Cuál = what; nombre = name; madre = mother)

El nombre de la madre es Dolores.

Ahora you fill in the following blanks, based on the **pinturas,** in the same manner.

¿Cuál es el nombre

del hijo ________________?

________________ **es** ________________.

¿Cuál es el nombre

de la hija ________________?

________________ **es** Elena.

- ☐ **la inteligencia** *(een-teh-lee-hen-see-ah)* . . intelligence ________________
- ☐ **la intención** *(een-ten-see-ohn)* . . . . intention ________________
- ☐ **interesante** *(een-teh-reh-sahn-teh)* . . . . . . interesting ________________
- ☐ **el interior** *(een-teh-ree-or)* . . . . interior ________________
- ☐ **invitar** *(een-vee-tar)* . . . . to invite ________________

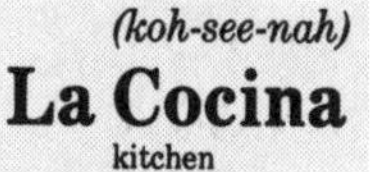

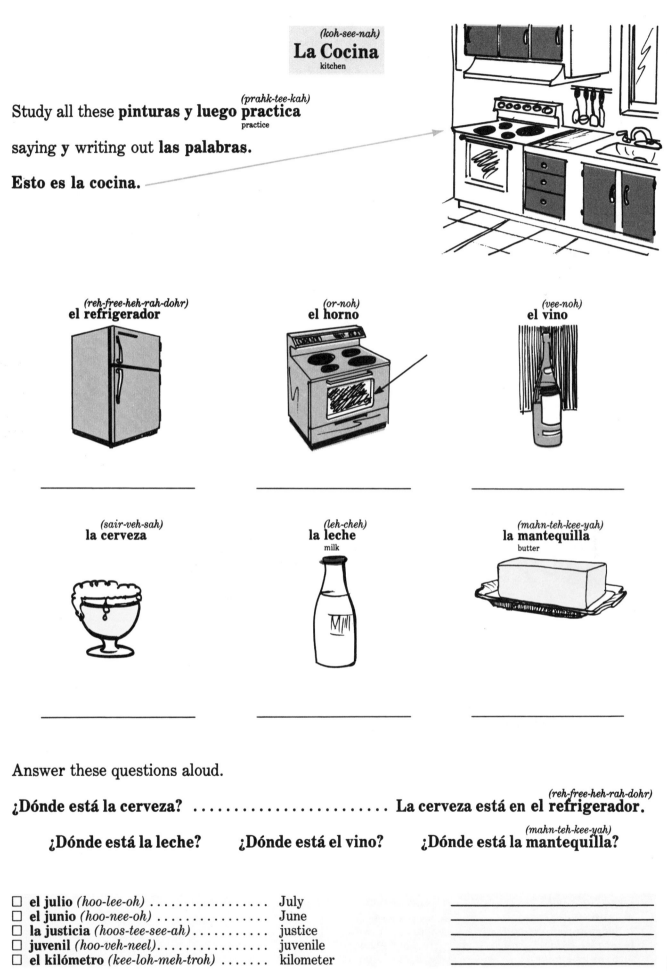

Study all these **pinturas y luego practica** *(prahk-tee-kah)* practice saying y writing out **las palabras.**

Esto es la cocina.

(or-noh)
el horno

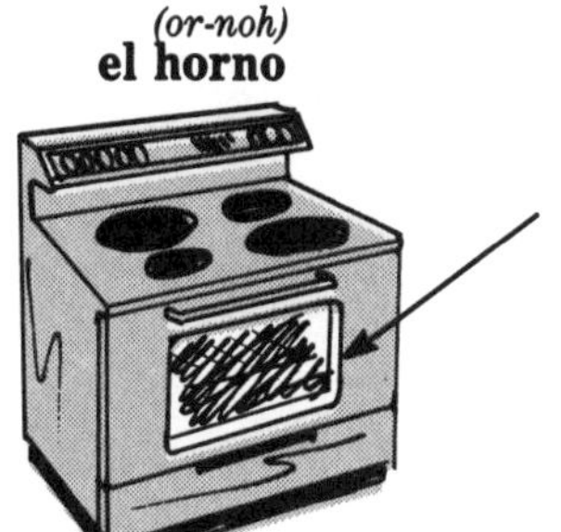

(vee-noh)
el vino

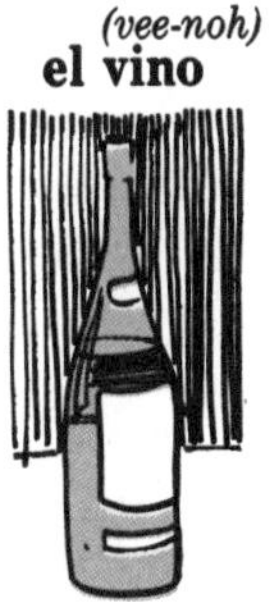

(sair-veh-sah)
la cerveza

(leh-cheh)
la leche
milk

(mahn-teh-kee-yah)
la mantequilla
butter

Answer these questions aloud.

¿Dónde está la cerveza? . . . . **La cerveza está en el refrigerador.** *(reh-free-heh-rah-dohr)*

¿Dónde está la leche? **¿Dónde está el vino?** **¿Dónde está la mantequilla?** *(mahn-teh-kee-yah)*

- ☐ **el julio** *(hoo-lee-oh)* . . . . July
- ☐ **el junio** *(hoo-nee-oh)* . . . . June
- ☐ **la justicia** *(hoos-tee-see-ah)* . . . . justice
- ☐ **juvenil** *(hoo-veh-neel)* . . . . juvenile
- ☐ **el kilómetro** *(kee-loh-meh-troh)* . . . . kilometer

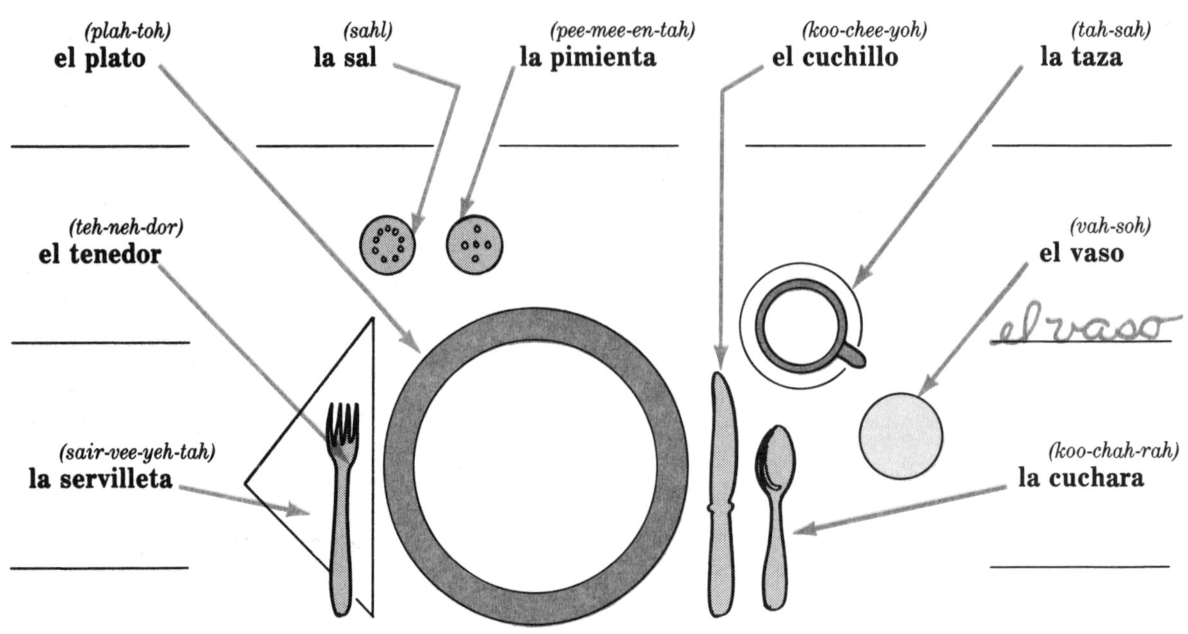

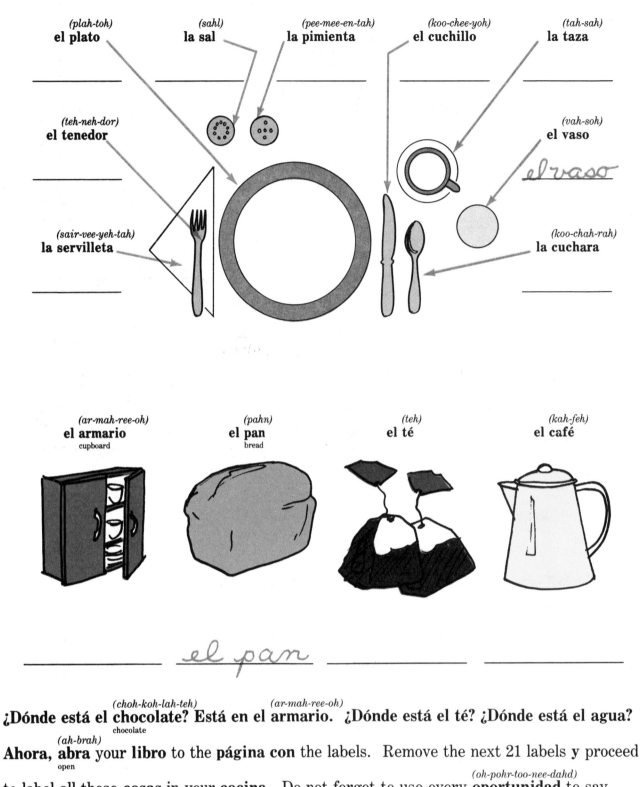

¿Dónde está el **chocolate**? *(choh-koh-lah-teh)* chocolate Está en el **armario**. *(ar-mah-ree-oh)* ¿Dónde está el té? ¿Dónde está el agua?

Ahora, abra *(ah-brah)* open your **libro** to the **página con** the labels. Remove the next 21 labels **y** proceed to label all these **cosas** in your **cocina.** Do not forget to use every **oportunidad** *(oh-pohr-too-nee-dahd)* opportunity to say these **palabras** out loud. **Es muy importante.** it is very

- ☐ **largo** *(lahr-goh)* .... long ____________
- ☐ **el latín** *(lah-teen)*.................... Latin ____________
- ☐ **la lección** *(leh-see-ohn)* .... lesson ____________
- ☐ **legal** *(leh-gahl)*...................... legal ____________
- ☐ **el licor** *(lee-kohr)*.................... liquor ____________

La Religión
(reh-lee-hee-ohn) religion

En México, there is not the wide **variedad** *(vah-ree-eh-dahd)* variety of **religiones** *(reh-lee-hee-oh-nes)* religions that **nosotros** find **en los Estados Unidos.** A person's **religión** is usually one of the following.

1. **católico** *(kah-toh-lee-koh)* Catholic ___católico___
2. **protestante** *(proh-tes-tahn-teh)* Protestant ______________
3. **judío** *(hoo-dee-oh)* Jewish ______________

Aquí está una iglesia mexicana. *(meh-hee-kah-nah)* Mexican →

¿Es is it **una iglesia católica o protestante?**

¿Es una iglesia nueva? No, es una iglesia muy vieja. *(vee-eh-hah)* You will see many **iglesias bonitas** *(boh-nee-tahs)* pretty like this during your holiday.

Ahora let's learn how to say "I am" **en español:**

I am	=	**yo soy** *(yoh) (soy)*
I am	=	**yo estoy** *(es-toy)*

Confusing? Not really. Learn both of them. Use **yo estoy** when you are telling your location, **yo soy** when you are telling your profession, religion, gender, etc. Practice saying both phrases below. **Ahora** write each sentence for more practice.

Yo soy católico. ______________ **Yo soy protestante.** ______________

Yo soy judío. ___Yo soy judío.___ **Yo soy americano.** ______________

Yo estoy en Europa. ______________ **Yo estoy en México.** ______________

- ☐ **el limón** *(lee-mohn)* . . . . lemon ______________
- ☐ **la limonada** *(lee-moh-nah-dah)* . . . . lemonade ______________
- ☐ **la lista** *(lees-tah)* . . . . list ______________
- ☐ **el litro** *(lee-troh)* . . . . liter ______________
- ☐ **local** *(loh-kahl)* . . . . local ______________

Yo estoy en la iglesia. ______________ Yo estoy en la cocina. ______________

Yo soy la madre. ______________ Yo soy el padre. Yo soy el padre.

Yo estoy en el hotel. ______________ Yo estoy en el restaurante. ______________

Yo soy un hombre. ______________ Yo soy una mujer. ______________

Ahora identify all **las personas en la pintura abajo** *(ah-bah-hoh)* below by writing **la palabra española correcta** for each **persona** on the line with the corresponding **número.**

1. ______________ 2. ______________

3. ______________ 4. ______________

5. el tío 6. ______________

7. ______________

- ☐ **mágico** *(mah-hee-koh)* . . . . magic ______________
- ☐ **el mapa** *(mah-pah)* . . . . map ______________
- ☐ **la marca** *(mar-kah)* . . . . mark ______________
- ☐ **el marzo** *(mar-soh)* . . . . March ______________
- ☐ **masculino** *(mas-koo-lee-noh)* . . . . masculine ______________

Step 11

You have already used the verbs **tener y querer, entrar, andar, soy, estoy, y viene.**

Although you might be able to "get by" **con** these verbs, let's assume you want to do **mejor** *(meh-hor)* [better] than that. First, a quick review.

How do you say **"I"** **en español?** ______ How do you say **"we"** **en español?** ______

Compare these **dos** charts **muy** *(mwee)* carefully **y** learn these **siete palabras** on the right.

I	=	**yo** *(yoh)*
you	=	**usted** *(oos-ted)*
he, it	=	**él** *(el)*
she, it	=	**ella** *(eh-yah)*

we	=	**nosotros** *(noh-soh-tros)*
they (masculine)	=	**ellos** *(eh-yos)*
they (feminine)	=	**ellas** *(eh-yas)*

Ahora draw lines between the matching **palabras inglesas y españolas** below to see if you can keep these **palabras** straight in your mind.

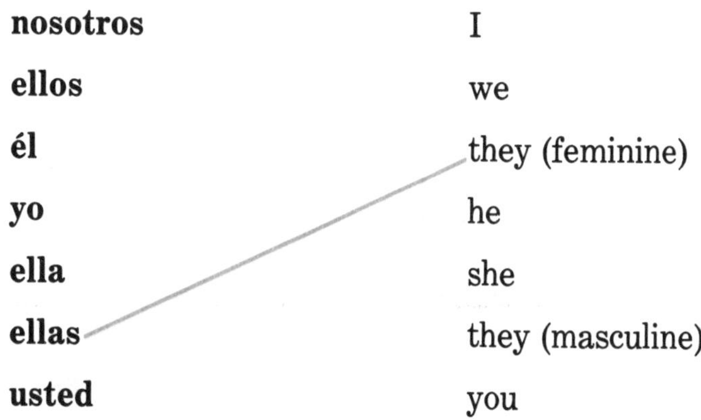

nosotros
ellos
él
yo
ella
ellas
usted
I
we
they (feminine)
he
she
they (masculine)
you

Ahora close **el libro y** write out both columns of the above practice on **un pedazo** *(peh-dah-zoh)* [piece] **de papel** *(pah-pel)* [paper]. How did **usted** do? **¿Bien** [well] **o mal?** [badly] **¿Bien o no tan bien?** *(tahn)* [not so] **Ahora** that **usted** know these **palabras, usted** can say almost anything **en español** with one basic formula: the "plug-in" formula. With this formula, you can correctly use any **palabras usted** wish.

- ☐ **las matemáticas** *(mah-teh-mah-tee-kahs)* . . mathematics ______
- ☐ **el matrimonio** *(mah-tree-moh-nee-oh)*. . . . . matrimony ______
- ☐ **el mayo** *(mah-yoh)* . . . . May ______
- ☐ **mecánico** *(meh-kah-nee-koh)* . . . . mechanical ______
- ☐ **la medicina** *(meh-dee-see-nah)*. . . . . medicine ______

To demonstrate, let's take **seis** *(sehs)* basic **y** practical verbs **y** see how the "plug-in" formula works. Write **los verbos** *(vair-bos)* (verbs) **en** the blanks **abajo** (below) after **usted** have practiced saying them.

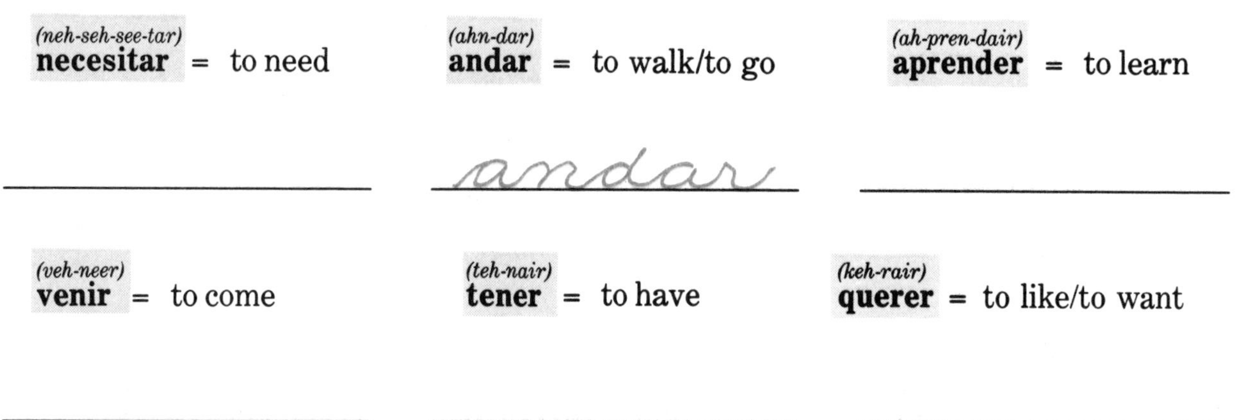

(neh-seh-see-tar) **necesitar** = to need

(ahn-dar) **andar** = to walk/to go

(ah-pren-dair) **aprender** = to learn

andar

(veh-neer) **venir** = to come

(teh-nair) **tener** = to have

(keh-rair) **querer** = to like/to want

Study the following verb patterns carefully.

yo	**necesito**	=	I *need*
	ando	=	I *walk*, I *go*
	aprendo	=	I *learn*
	vengo*	=	I *come*
	tengo*	=	I *have*
	quiero*	=	I *would like*, I *want*

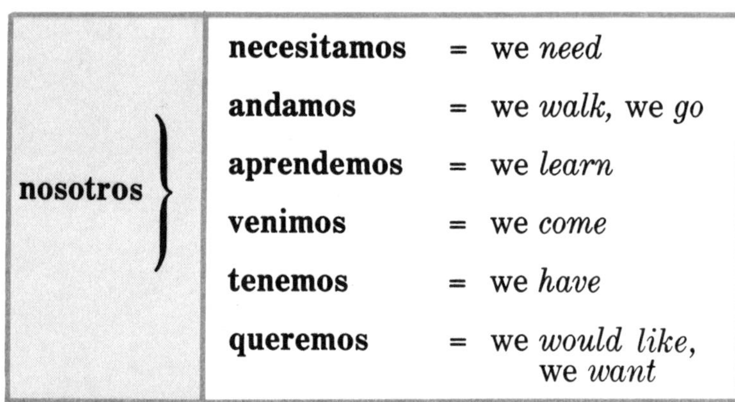

nosotros	**necesitamos**	=	we *need*
	andamos	=	we *walk*, we *go*
	aprendemos	=	we *learn*
	venimos	=	we *come*
	tenemos	=	we *have*
	queremos	=	we *would like*, we *want*

Note:
- First, drop the final "ar," "er" or "ir" from the basic verb form.
- With **yo,** (I) add "o" to the basic verb form.
- With **nosotros,** (we) add the vowel of the original ending plus "mos."

*Some **verbos** just will not conform to the rules! But don't worry . . . you will be perfectly understood whether you say **yo veno** for **vengo, o yo quero** for **quiero.** Spanish speakers will be delighted that you have taken the time to learn their language.

- ☐ **el medio** *(meh-dee-oh)* . . . . middle ____________
- ☐ **el mediterráneo** *(meh-dee-teh-rrah-neh-oh)* . Mediterranean ____________
- ☐ **la melodía** *(meh-loh-dee-ah)* . . . . melody ____________
- ☐ **el menú** *(meh-noo)* . . . . menu ____________
- ☐ **el México** *(meh-hee-koh)* . . . . Mexico ____________

usted / él / ella		
	necesita = you, he, she, it *need(s)*	**viene** = you, he, she, it *come(s)*
	anda = you, he, she, it *walk(s)*	**tiene** = you, he, she, it *have/has*
	aprende = you, he, she, it *learn(s)*	**quiere** = you, he, she, it *would like/want*

ellos / ellas		
	necesitan = they *need*	**vienen** = they *come*
	andan = they *walk*	**tienen** = they *have*
	aprenden = they *learn*	**quieren** = they *would like/want*

Note: • Again drop the final "ar," "er" or "ir" from the basic verb form.
• With **usted, él y ella,** add "a" if the original ending was "ar," and "e" if the original ending was "er" or "ir."
• With **ellos** and **ellas,** simply add "n" to the **usted, él y ella** form.

Ahora fill in the blanks **con** the **formas correctas** (forms) of the following **verbos.** Note that, in some instances, the **verbos** are slightly irregular, so make sure **también** *(tam-bee-en)* (also) to say each **palabra** out loud. **Ahora** is a perfect time to turn to the back of **el libro,** clip out the verb flash cards **y** start flashing.

aprender

Yo aprendo/ **el español.**

Usted _______________ **el inglés.**

Él / Ella aprende/ **el alemán.** *(ah-leh-mahn)* German

Nosotros _______________ **el español.**

Ellos / Ellas aprenden/ **el alemán.**

venir

Yo vengo/ **de** *(deh)* **América.**

Usted viene/ **de Italia.** *(ee-tah-lee-ah)*

Él / Ella _______________ **de México.**

Nosotros venimos/ **de América.**

Ellos / Ellas vienen/ **de México.**

☐ **el metro** *(meh-troh)*	meter	_______________
☐ **metropolitano** *(meh-troh-poh-lee-tah-noh)*	metropolitan	_______________
☐ **el ministro** *(mee-nees-troh)*	minister (government)	_______________
☐ **el minuto** *(mee-noo-toh)*	minute	_______________
☐ **moderno** *(moh-dair-noh)*	modern	_______________

andar

Yo ando/ ______ *(a + el)* **al hotel.** (to the)

Usted anda/ ______ **al hotel.**

Él / Ella ______ **al hotel.**

Nosotros ______ **al hotel.**

Ellos / Ellas andan/ ______ **al hotel.**

necesitar

Yo necesito/ ______ **un cuarto.**

Usted ______ **un cuarto.**

Él / Ella ______ **un cuarto.**

Nosotros ______ **un cuarto.**

Ellos / Ellas ______ **un cuarto.**

tener

Yo tengo/ ______ **cinco pesos.**

Usted ______ **seis pesos.**

Él / Ella tiene/ ______ **diez pesos.**

Nosotros tenemos/ ______ **dos pesos.**

Ellos / Ellas tienen/ ______ **tres pesos.**

querer

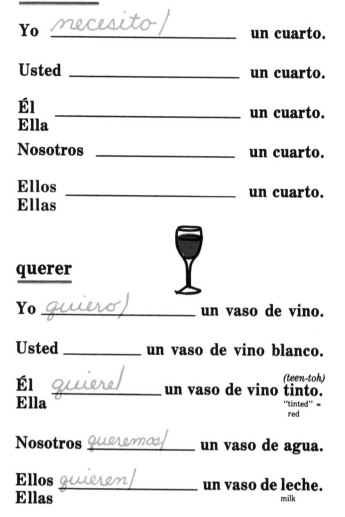

Yo quiero/ ______ **un vaso de vino.**

Usted ______ **un vaso de vino blanco.**

Él / Ella quiere/ ______ **un vaso de vino** *(teen-toh)* **tinto.** ("tinted" = red)

Nosotros queremos/ ______ **un vaso de agua.**

Ellos / Ellas quieren/ ______ **un vaso de leche.** (milk)

¡Aquí están seis verbos *(mahs)* **más!** (more)

(kohm-prar) **comprar** = to buy

comprar ______

(ah-blar) **hablar** = to speak

______

(vee-veer) **vivir** = to live

______

(peh-deer) **pedir** = to order/to request

______

(en-trar) **entrar** = to enter

______

(keh-dar) **quedar** = to stay/to remain

______

- ☐ **el momento** *(moh-men-toh)*........... moment ______
- ☐ **la monarquía** *(moh-nar-kee-ah)*....... monarchy ______
- ☐ **el monasterio** *(moh-nahs-teh-ree-oh)*... monastery ______
- ☐ **la montaña** *(mohn-tahn-yah)*......... mountain ______
- ☐ **la música** *(moo-see-kah)*............. music ______

Ahora, fill in the following blanks **con** the **forma correcta** of each **verbo.** Be sure to say each sentence out loud until **usted tiene esto** down pat!
have

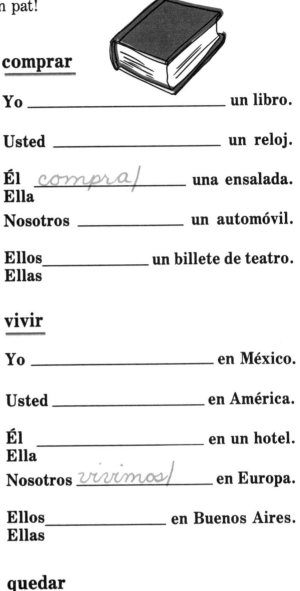

entrar

Yo entro **en el hotel.**

Usted ________ **en el restaurante.**

Él / Ella entra **en el banco.**

Nosotros ________ **en el automóvil.**

Ellos / Ellas ________ **en el cuarto.**

hablar

Yo ________ **español.**

Usted ________ *(hah-poh-nes)* **japonés.** Japanese

Él / Ella ________ *(ee-tah-lee-ah-noh)* **italiano.** Italian

Nosotros ________ **inglés.**

Ellos / Ellas hablan **español.**

pedir

Yo pido **un vaso de agua.**

Usted pide **un vaso de vino.**

Él / Ella pide **una taza de té.**

Nosotros pedimos **una taza de café.**

Ellos / Ellas piden **dos vasos de cerveza.**

comprar

Yo ________ **un libro.**

Usted ________ **un reloj.**

Él / Ella compra **una ensalada.**

Nosotros ________ **un automóvil.**

Ellos / Ellas ________ **un billete de teatro.**

vivir

Yo ________ **en México.**

Usted ________ **en América.**

Él / Ella ________ **en un hotel.**

Nosotros vivimos **en Europa.**

Ellos / Ellas ________ **en Buenos Aires.**

quedar

Yo me ________ *(ah-oon)* **aún cinco días.** still

Usted se ________ **aún tres días.**

Él / Ella se ________ **aún seis días.**

Nosotros nos ________ **aún siete días.**

Ellos / Ellas se ________ **aún dos semanas.**

- ☐ **la nación** *(nah-see-ohn)* . . . . nation ________
- ☐ **natural** *(nah-too-ral)* . . . . natural ________
- ☐ **necesario** *(neh-seh-sah-ree-oh)* . . . . necessary ________
- ☐ **negro** *(neh-groh)* . . . . black ________
- ☐ **no** *(noh)* . . . . no, not ________

Ahora see if **usted** can fill in the blanks below. The correct answers **están** at the bottom of the **página.**

1. I speak Spanish. ______________________________
2. He comes from America. El viene de América.
3. We learn Spanish. ______________________________
4. They have 10 pesos. ______________________________
5. She would like a glass of water. ______________________________
6. We need a room. ______________________________
7. I enter the restaurant. ______________________________
8. I live in America. ______________________________
9. You are buying a book. ______________________________
10. He orders a beer. ______________________________

In the following Steps, **usted** will be introduced to more **y** more **verbos y** should drill them in exactly the same way as **usted** did in this section. Look up **palabras nuevas** (new) in your **diccionario** *(deek-see-oh-nah-ree-oh)* (dictionary) **y** make up your own sentences using the same type of pattern. Remember, the more **usted** practice **ahora,** the more enjoyable your trip will be. **¡Buena suerte!**

Be sure to check off your free **palabras** in the box provided as **usted aprende** each one. 

ANSWERS

1. **Yo hablo español.**
2. **Él viene de América.**
3. **Nosotros aprendemos el español.**
4. **Ellos/ellas tienen diez pesos.**
5. **Ella quiere un vaso de agua.**
6. **Nosotros necesitamos un cuarto.**
7. **Yo entro en el restaurante.**
8. **Yo vivo en América.**
9. **Usted compra un libro.**
10. **Él pide una cerveza.**

Los Minutos
(mee-noo-tos) minutes

Usted know how to tell **los días de la semana y los meses del año,** (months, of the) so **ahora** let's learn to tell time. **Aquí están** "the basics."

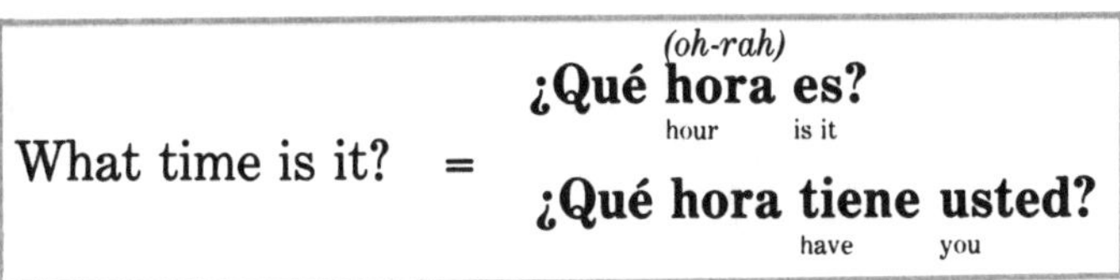

What time is it?	=	**¿Qué hora es?** *(oh-rah)* (hour, is it)
		¿Qué hora tiene usted? (have, you)

minus	=	**menos** *(meh-nos)*
half (past)	=	**y media** *(meh-dee-ah)*

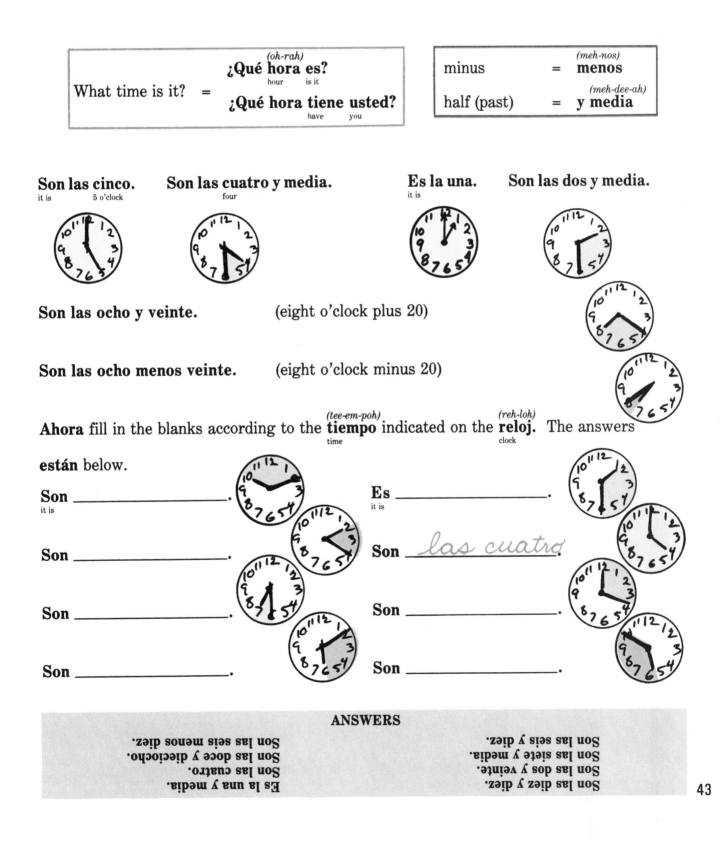

Son las cinco. (it is, 5 o'clock)

Son las cuatro y media. (four)

Es la una. (it is)

Son las dos y media.

Son las ocho y veinte. (eight o'clock plus 20)

Son las ocho menos veinte. (eight o'clock minus 20)

Ahora fill in the blanks according to the **tiempo** *(tee-em-poh)* (time) indicated on the **reloj.** *(reh-loh)* (clock) The answers **están** below.

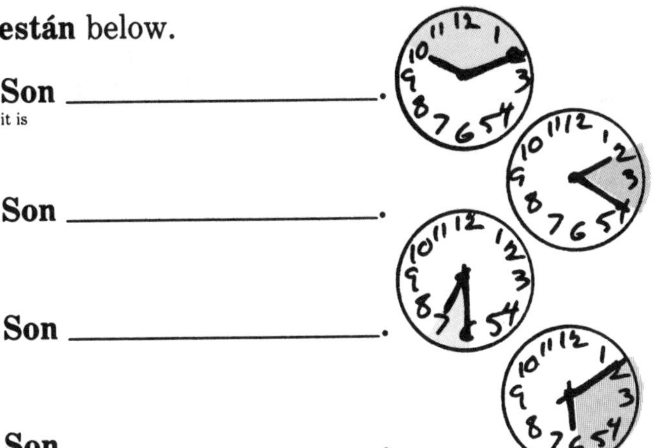

Son ______________________. (it is)

Son ______________________.

Son ______________________.

Son ______________________.

Es ______________________. (it is)

Son las cuatro.

Son ______________________.

Son ______________________.

ANSWERS

Son las diez y diez.
Son las dos y veinte.
Son las siete y media.
Son las seis y diez.

Es la una y media.
Son las cuatro.
Son las doce y dieciocho.
Son las seis menos diez.

Aquí están more time-telling **palabras** to add to your **palabra** power.

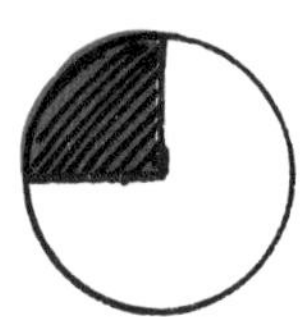

un	*(kwar-toh)* **cuarto**	= a quarter (as well as a room!)
menos cuarto		= a quarter before
y cuarto		= a quarter after

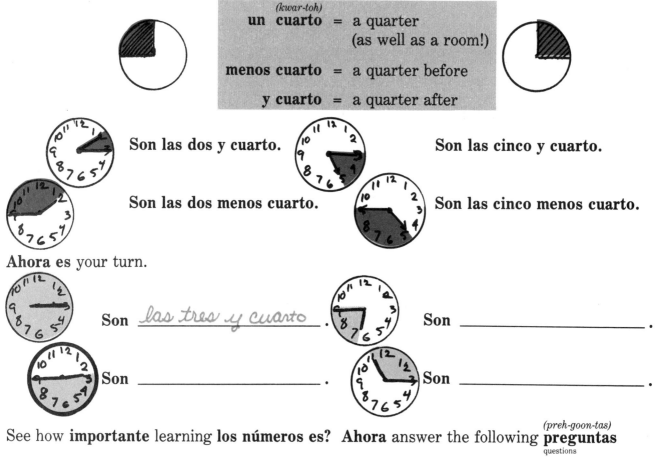

Son las dos y cuarto.

Son las dos menos cuarto.

Son las cinco y cuarto.

Son las cinco menos cuarto.

Ahora es your turn.

Son las tres y cuarto.

Son ______________________.

Son ______________________.

Son ______________________.

See how **importante** learning **los números es? Ahora** answer the following *(preh-goon-tas)* **preguntas** (questions) based on the **relojes** below. The answers **están** at the bottom of the **página.**

¿Qué hora es?

1. Son las seis.
2. ______________________
3. ______________________
4. ______________________
5. ______________________
6. ______________________
7. ______________________

ANSWERS

1. **Son las seis.**
2. **Son las siete y media.**
3. **Son las ocho.**
4. **Es la una y media.**
5. **Son las doce y cuarto.**
6. **Son las nueve y veinte.**
7. **Son las dos y diecisiete.**

When **usted** answer a **"Cuándo"** question, say **"a"** before you give the time.
when

TREN 43 6:00

¿Cuándo viene el tren? a las seis.
comes

Ahora answer the following **preguntas** based on the **relojes** below. Be sure to *(prahk-tee-kar)* **practicar** (practice) saying each *(preh-goon-tah)* **pregunta** out loud several times.

¿Cuándo *(koh-mee-en-sah)* **comienza** (commences) **el** *(kohn-see-air-toh)* **concierto?** (concert) ______________________.

¿Cuándo comienza la *(peh-lee-koo-lah)* **película?** (film) ______________________.

¿Cuándo viene el autobús amarillo? ______________________.

¿Cuándo viene el taxi? a las cinco y media.

¿Cuándo está el restaurante *(ah-bee-air-toh)* **abierto?** (open) ______________________.

¿Cuándo está el restaurante *(seh-rrah-doh)* **cerrado?** (closed) ______________________.

A las ocho de la mañana uno (one) *(dee-seh)* **dice,** (says)
"¡Buenos días, *(sen-yoh-rah)* **Señora** (Mrs.) **Fernandez!"**

A las ocho de la noche uno dice,
"¡Buenas noches, *(sen-yoh-ree-tah)* **Señorita** (Miss) **Gallegos!"**

A la una de la tarde uno dice,
"¡Buenas tardes, *(sen-yohr)* **Señor** (Mr.) **Valdes!"**

A las diez de la noche uno dice,
"¡Buenas noches!"

- ☐ **normal** *(nor-mahl)* .... normal ______________________
- ☐ **el norte** *(nor-teh)* .... north ______________________
- ☐ **la noticia** *(noh-tee-see-ah)* .... notice ______________________
- ☐ **el noviembre** *(noh-vee-em-breh)* .... November ______________________
- ☐ **el número** *(noo-meh-roh)* .... number ______________________

Remember:

What time is it?	=	**¿Qué hora es?** **¿Qué hora tiene usted?**

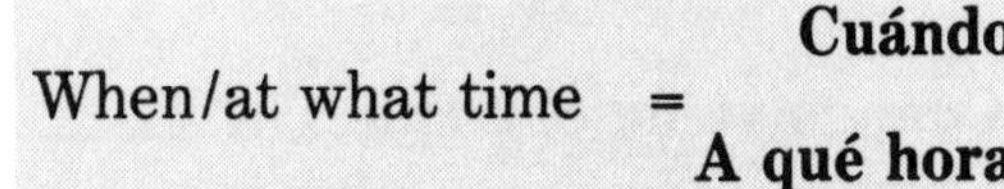

When/at what time	=	**Cuándo** **A qué hora**

Can **usted** pronounce **y** understand the following paragraph?

El tren de Acapulco viene a las tres y cuarto. Son ahora las tres y veinte. El tren viene hoy a las cinco y cuarto. Mañana viene el tren a las tres y cuarto como de ordinario.

(or-dee-nah-ree-oh) — como de (as) ordinario (ordinarily)

Aquí están more practice exercises. Answer the **preguntas** based on the **hora** given.

¿Qué hora es?

1. (10:30) ____________________
2. (6:30) ____________________
3. (2:15) ____________________
4. (11:40) ____________________
5. (12:18) ____________________
6. (7:20) ____________________
7. (3:10) ____________________
8. (4:05) Son las cuatro y cinco.
9. (5:35) ____________________
10. (11:50) ____________________

- ☐ **el objeto** *(ob-heh-toh)* . . . . object ____________________
- ☐ **la ocasión** *(oh-kah-see-ohn)* . . . . occasion ____________________
- ☐ **la oliva** *(oh-lee-vah)* . . . . olive ____________________
- ☐ **la ópera** *(oh-peh-rah)* . . . . opera ____________________
- ☐ **oriental** *(oh-ree-ehn-tal)* . . . . oriental ____________________

Aquí está a quick quiz. Fill in the blanks **con los números correctos.** The answers **están abajo.**

1. **Un minuto tiene** _______ (?) *(seh-goon-dos)* **segundos.** (seconds)
2. **Una hora tiene** _______ (?) *(mee-noo-tos)* **minutos.** (minutes)
3. **Un día tiene** _______ (?) **horas.** (hours)
4. **Una semana tiene** _______ (?) **días.**
5. **Un mes tiene** _______ (?) **días.**
6. **Un año tiene** doce (?) **meses.**
7. **Un año tiene** _______ (?) **semanas.**
8. **Un año tiene** _______ (?) **días.**

Aquí está a sample **página de un horario español. Un** *(tair)* **TER tren es muy rápido, un tren** *(es-preh-soh)* **expreso** (express) **es rápido y un tren** (train) **correo** (mail) **es** *(lehn-toh)* **lento.** (slow)

DE MADRID A BARCELONA

(par-tee-dah) **Partida** departure	**Número de tren**	*(yeh-gah-dah)* **Llegada** arrival	*(noh-tas)* **Notas** notes
8:20	TER 86	5:40	
10:00	TER 10	7:00	
2:14	TER 199	10:20	
10:30	TER 210	8:40	

ANSWERS

1. **sesenta**
2. **sesenta**
3. **veinte y cuatro**
4. **siete**
5. **treinta**
6. **doce**
7. **cincuenta y dos**
8. **trescientos sesenta y cinco**

Aquí están los nuevos verbos para Step 12.

(deh-seer) **decir** = to say	*(koh-mair)* **comer** = to eat	*(beh-bair)* **beber** = to drink
______	comer	______

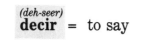

decir

Yo digo/ ______ **eso hoy.**

Usted dice/ ______ **mucho.**

Él / Ella dice/ ______ **"no."**

Nosotros decimos/ ______ **"si."**

Ellos / Ellas no dicen/ ______ *(nah-dah)* **nada.** nothing

comer

Yo como/ ______ **un** *(beef-tek)* **biftec.** beefsteak

Usted come/ ______ *(rohs-beef)* **rosbif.**

Él / Ella ______ **una ensalada.**

Nosotros ______ *(soh-pah)* **sopa.**

Ellos / Ellas ______ **pan.**

beber

Yo bebo/ ______ **leche.**

Usted ______ **vino.**

Él / Ella bebe/ ______ **té.**

Nosotros ______ *(lee-moh-nah-dah)* **limonada.**

Ellos / Ellas ______ **café.**

- ☐ **el occidente** *(ok-see-den-teh)* .... occident, west ______
- ☐ **el océano** *(oh-seh-ah-noh)* .... ocean ______
- ☐ **ocupado** *(oh-koo-pah-doh)* .... occupied ______
- ☐ **la oficina** *(oh-fee-see-nah)* .... office ______
- ☐ **la operación** *(oh-peh-rah-see-ohn)* ...... operation ______

(nor-teh) Norte - *(soor)* Sur, *(es-teh)* Este - *(oh-es-teh)* Oeste
north - south, east - west

Step 13

If **usted** are looking at a *(mah-pah)* **mapa** (map) **y usted** see the following **palabras,** it should not be too *(dee-fee-seel)* **difícil** (difficult) to figure out **que ellas** mean. Take an educated guess. The answers **están abajo.**

(ah-meh-ree-kah) (nor-teh) **América del Norte**	*(ah-meh-ree-kah) (soor)* **América del Sur**	*(teh-ree-toh-ree-ohs) (nor-oh-es-teh)* **Territorios del Noroeste**
(poh-loh) (nor-teh) **Polo Norte**	*(soor)* **Polo Sur**	*(nor-teh)* **Africa del Norte**
(koh-reh-ah) **Corea del Norte**	*(koh-reh-ah)* **Corea del Sur**	*(koh-stah) (oh-es-teh)* **la costa del oeste**
(eer-lahn-dah) **Irlanda del Norte**	*(ah-free-kah)* **Africa del Sur**	*(es-teh)* **la costa del este**

Las palabras españolas para north, south, east **y** west **son** easy to recognize due to their similarity to **inglés.**

(nor-teh) **el norte**	=	the north	________
(soor) **el sur**	=	the south	________
(es-teh) **el este**	=	the east	el este
(oh-es-teh) **el oeste**	=	the west	________

del norte	=	northern	________
del sur	=	southern	del sur
del este	=	eastern	________
del oeste	=	western	________

These **palabras son importantes.** Learn them **hoy!** But what about more basic directions such as "left," "right," "straight ahead" **y** "around the corner"? Let's learn these **palabras ahora.**

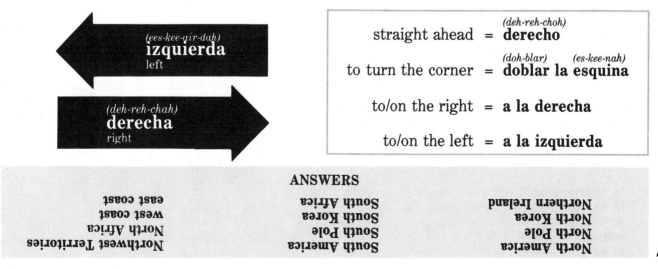

straight ahead	=	*(deh-reh-choh)* **derecho**
to turn the corner	=	*(doh-blar) (es-kee-nah)* **doblar la esquina**
to/on the right	=	**a la derecha**
to/on the left	=	**a la izquierda**

ANSWERS

North America	South America	Northwest Territories
North Pole	South Pole	North Africa
North Korea	South Korea	west coast
Northern Ireland	South Africa	east coast

Just as **en inglés,** these **tres palabras** go a long way.

(pohr) (fah-vohr) **por favor**	=	please ________________
(grah-see-as) **muchas gracias**	=	many thanks *muchas gracias*
(pair-doh-neh-meh) **perdóneme**	=	pardon me ________________

Aquí están dos conversaciones (kohn-vair-sah-see-oh-nes) conversations **muy típicas** (tee-pee-kahs) typical **para** someone who is trying to find something.

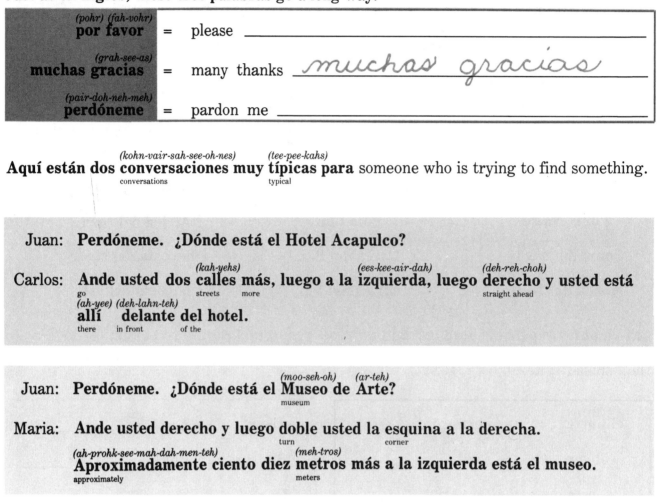

Juan: **Perdóneme. ¿Dónde está el Hotel Acapulco?**

Carlos: **Ande** go **usted dos calles** (kah-yehs) streets **más** more**, luego a la izquierda** (ees-kee-air-dah)**, luego derecho** (deh-reh-choh) straight ahead **y usted está allí** (ah-yee) there **delante** (deh-lahn-teh) in front **del** of the **hotel.**

Juan: **Perdóneme. ¿Dónde está el Museo** (moo-seh-oh) museum **de Arte** (ar-teh)**?**

Maria: **Ande usted derecho y luego doble** turn **usted la esquina** corner **a la derecha. Aproximadamente** (ah-prohk-see-mah-dah-men-teh) approximately **ciento diez metros** (meh-tros) meters **más a la izquierda está el museo.**

Are you lost? There is no need to be lost if **usted** have learned the basic **palabras de dirección** (dee-rek-see-ohn) direction**.** Do not try to memorize these **conversaciones** because you will never be looking for precisely these places! One day you might need to ask for directions to **"El Restaurante del Río" o "El Museo de Pancho Villa" o "El Hotel Cervantes."** Learn the key direction **palabras** and be sure **usted** can find your destination.

What if the person responding to your **pregunta** answers too quickly for you to understand the entire reply? If so, ask again, saying,

- ☐ **la oportunidad** *(oh-pohr-too-nee-dahd)* .. opportunity ________________
- ☐ **la oposición** *(oh-poh-see-see-ohn)* .... opposition ________________
- ☐ **ordinario** *(or-dee-nah-ree-oh)* .... ordinary ________________
- ☐ **original** *(oh-ree-hee-nal)* .... original ________________
- ☐ **el oxígeno** *(oh-see-heh-noh)* .... oxygen ________________

Perdóneme. Soy americano y hablo solamente *(soh-lah-men-teh)* (only) **un** (a) **poco** *(poh-koh)* (little) **de español. Hable usted más** (more) **despacio** *(des-pah-see-oh)* (slow)**, por favor. Repita** *(reh-pee-tah)* (repeat) **usted eso** (that)**, por favor.**

Ahora when the **direcciones** are repeated, **usted** will be able to understand if **usted** have learned the key **palabras** for **direcciones.** Quiz yourself by filling in the blanks below **con las palabras españolas correctas.**

Dolores: **Perdóneme. ¿Dónde está el restaurante "El Toro** *(toh-roh)* (bull) **Bravo** *(brah-voh)* (brave)**"?**

Pedro: **Ande usted** tres (three) ____________ (streets) ____________ (further)**, luego** ____________ (turn) **usted** ____________ (the) ____________ (corner) ____________ (to) ____________ (the) ____________ (left), **luego** ____________ (straight ahead). **Allí está una iglesia. Luego** ____________ (turn) **usted** ____________ (the) ____________ (corner) ____________ (to) ____________ (the) ____________ (right). a (On) ____________ (the) ____________ (left) **está el restaurante "El Toro Bravo."**

Aquí están cuatro verbos nuevos.

(en-kohn-trar)
encontrar = to find ____________________

(en-ten-dair)
entender = to understand entender

(reh-peh-teer)
repetir = to repeat ____________________

(ven-dair)
vender = to sell ____________________

- ☐ **el palacio** *(pah-lah-see-oh)* . . . . palace ____________
- ☐ **la palma** *(pahl-mah)* . . . . palm ____________
- ☐ **el pánico** *(pah-nee-koh)* . . . . panic ____________
- ☐ **el pasaporte** *(pah-sah-pohr-teh)* . . . . passport ____________
- ☐ **la pasta** *(pahs-tah)* . . . . paste, pasta ____________

As always, say each sentence out loud. Say each and every **palabra** carefully, pronouncing everything **usted** see.

encontrar

Yo encuentro/ ______ **el hotel.**

Usted encuentra/ ______ **el cuarto.**

Él / Ella ______ **el restaurante.**

Nosotros encontramos/ ______ **el banco.**

Ellos / Ellas encuentran/ ______ **el museo.**

entender

Yo entiendo/ ______ **el español.**

Usted entiende/ ______ **el inglés.**

Él / Ella ______ **el alemán.** *(ah-lay-mahn)* German

Nosotros entendemos/ ______ **el ruso.** *(roo-soh)* Russian

Ellos / Ellas entienden/ ______ **el francés.** *(frahn-ses)* French

vender

Yo ______ **la cama.**

Usted vende/ ______ **la chaqueta.** *(chah-keh-tah)* jacket

Él / Ella ______ **la pintura.**

Nosotros ______ **billetes.** *(bee-yeh-tes)*

Ellos / Ellas ______ **la casa.**

repetir

Yo repito/ ______ **la palabra.**

Usted ______ **las direcciones.**

Él / Ella repite/ ______ **la palabra.**

Nosotros repetimos/ ______ **eso.**

Ellos / Ellas **no** repiten/ ______ **nada.**

Ahora, see if **usted** can translate the following thoughts into **español.** The answers **están abajo.**

1. She repeats the word. ______
2. They sell tickets. ______
3. He finds the correct museum. ______
4. We eat bread. ______
5. I speak Spanish. ______
6. You drink tea. Usted bebe té.

ANSWERS

1. **Ella repite la palabra.**
2. **Ellos venden billetes.**
3. **Él encuentra el museo correcto.**
4. **Nosotros comemos pan.**
5. **Yo hablo español.**
6. **Usted bebe té.**

(ah-rree-bah) (ah-bah-hoh)
Arriba - Abajo
up/upstairs down/downstairs

Step 14

Before **usted comienza con** Step 14, review Step 8. **Ahora nosotros aprendemos** (learn) **más.**

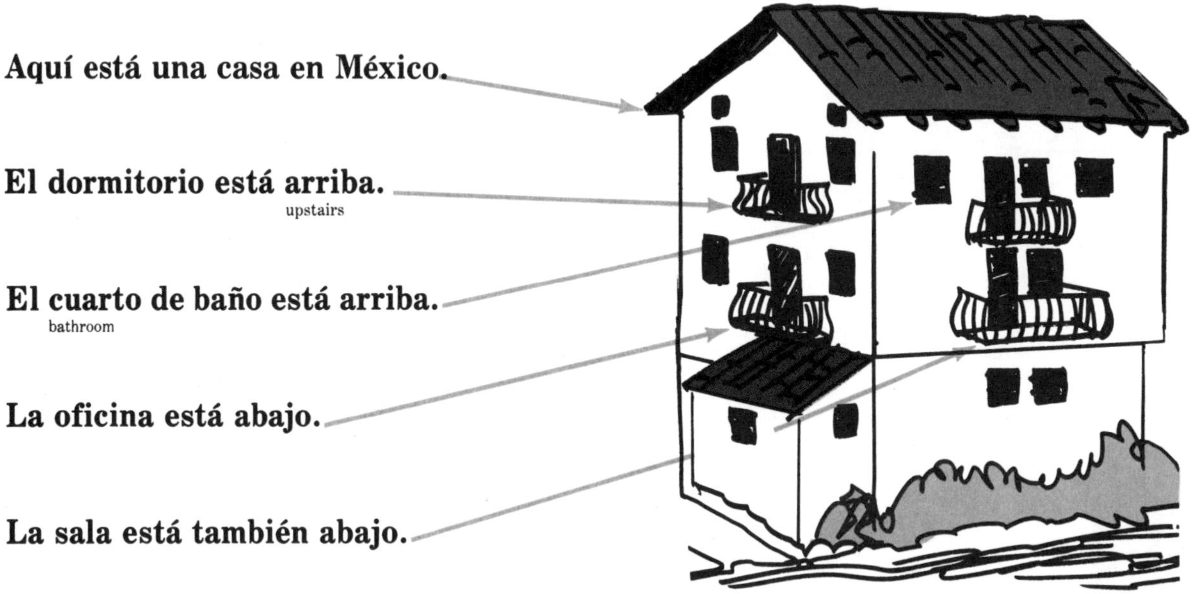

Aquí está una casa en México.
El dormitorio está arriba. (upstairs)
El cuarto de baño (bathroom) **está arriba.**
La oficina está abajo.
La sala está también abajo.

Ande usted ahora en your **dormitorio y** look around **el cuarto.** Let's learn **los nombres de las cosas** (things) **en el dormitorio** just as **nosotros** learned the various **partes** (parts) **de la casa.** Be sure to practice saying **las palabras** as **usted escribe** (write) them in the spaces **abajo** (below). Also say out loud the sample sentences **debajo de las pinturas.**

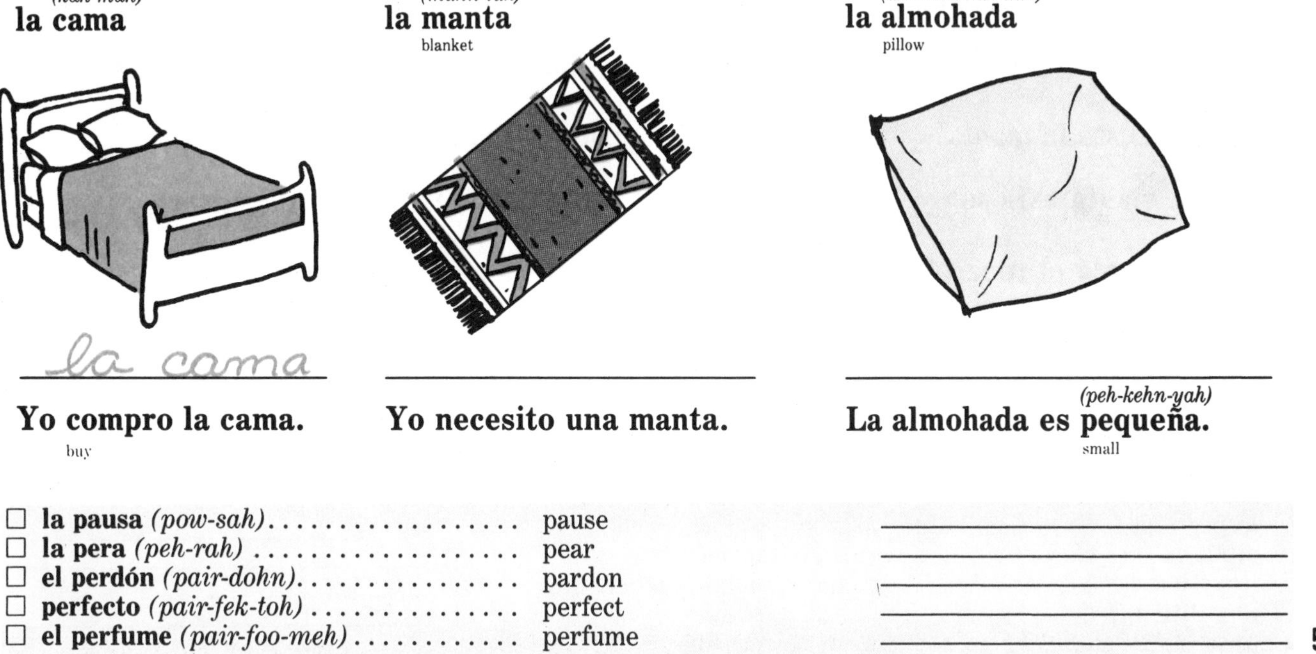

(ahl-moh-hah-dah)

Yo necesito una manta.

- ☐ **la pausa** *(pow-sah)*.................. pause ____________
- ☐ **la pera** *(peh-rah)*.................. pear ____________
- ☐ **el perdón** *(pair-dohn)*.................. pardon ____________
- ☐ **perfecto** *(pair-fek-toh)*.................. perfect ____________
- ☐ **el perfume** *(pair-foo-meh)*............ perfume ____________

(des-pair-tah-dor)
el despertador

____

Yo tengo un despertador.

(roh-peh-roh)
el ropero

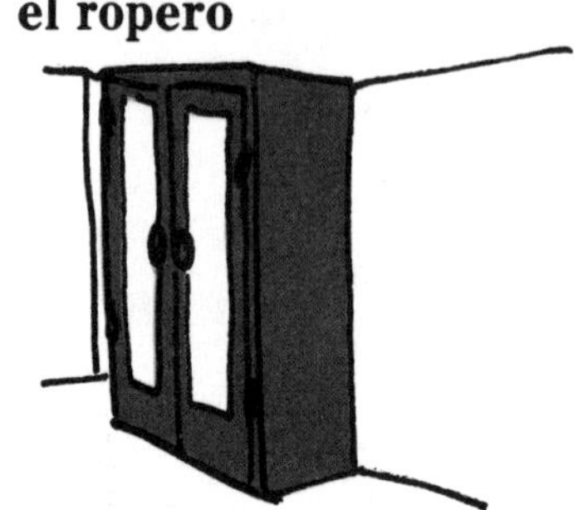

____

El ropero está en el dormitorio.

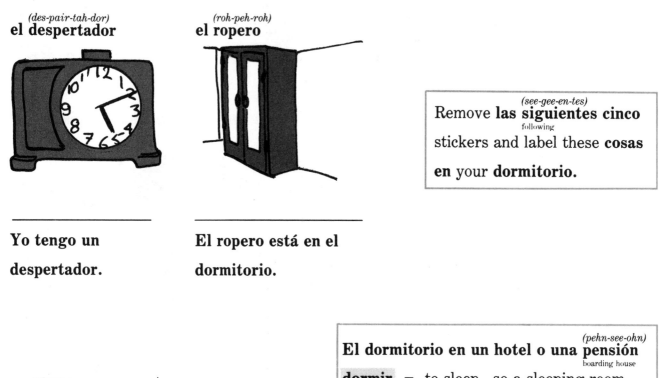

Remove **las** (see-gee-en-tes) **siguientes** (following) **cinco** stickers and label these **cosas en** your **dormitorio.**

El dormitorio en un hotel o una (pehn-see-ohn) **pensión** (boarding house)

dormir = to sleep, so a sleeping room

Study the following **preguntas y** their answers based on **la pintura a la izquierda.**

1. **¿Dónde está el despertador?**

   El despertador está (soh-breh) **sobre** (on) **la mesa.**

2. **¿Dónde está la manta?**

   La manta está sobre la cama.

3. **¿Dónde está el ropero?**

   El ropero está en el dormitorio.

4. **¿Dónde está la almohada?**

   La almohada está sobre la cama.

5. **¿Dónde está la cama?**

   La cama está en el dormitorio.

6. **¿Es la cama** (grahn-deh) **grande** (big) **o** (peh-kehn-yah) **pequeña** (small)**?**

   La cama no es grande.

   La cama es pequeña.

- ☐ **la persona** *(pair-soh-nah)* .... person _______________
- ☐ **el piano** *(pee-ah-noh)* .... piano _______________
- ☐ **la policía** *(poh-lee-see-ah)* .... police, policeman _______________
- ☐ **la política** *(poh-lee-tee-kah)*........... politics _______________
- ☐ **posible** *(poh-see-bleh)* .... possible _______________

Ahora, answer **las preguntas** based on the previous **pintura.**

¿Dónde está el despertador? 

____

¿Dónde está la cama? 

La cama está ______________________________

Let's move into **el cuarto de baño y** do the same thing.

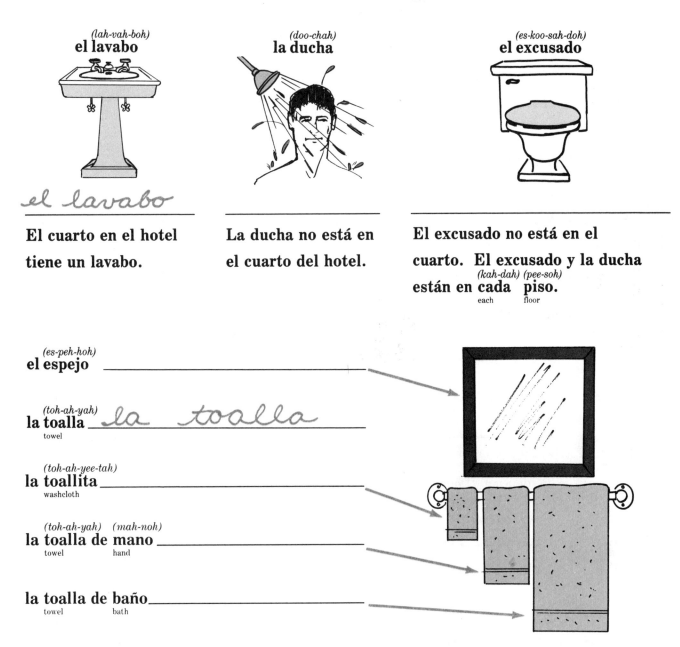

(lah-vah-boh)
el lavabo

el lavabo

El cuarto en el hotel tiene un lavabo.

(doo-chah)
la ducha

____

La ducha no está en el cuarto del hotel.

(es-koo-sah-doh)
el excusado

____

El excusado no está en el cuarto. El excusado y la ducha están en *(kah-dah)* **cada** (each) *(pee-soh)* **piso.** (floor)

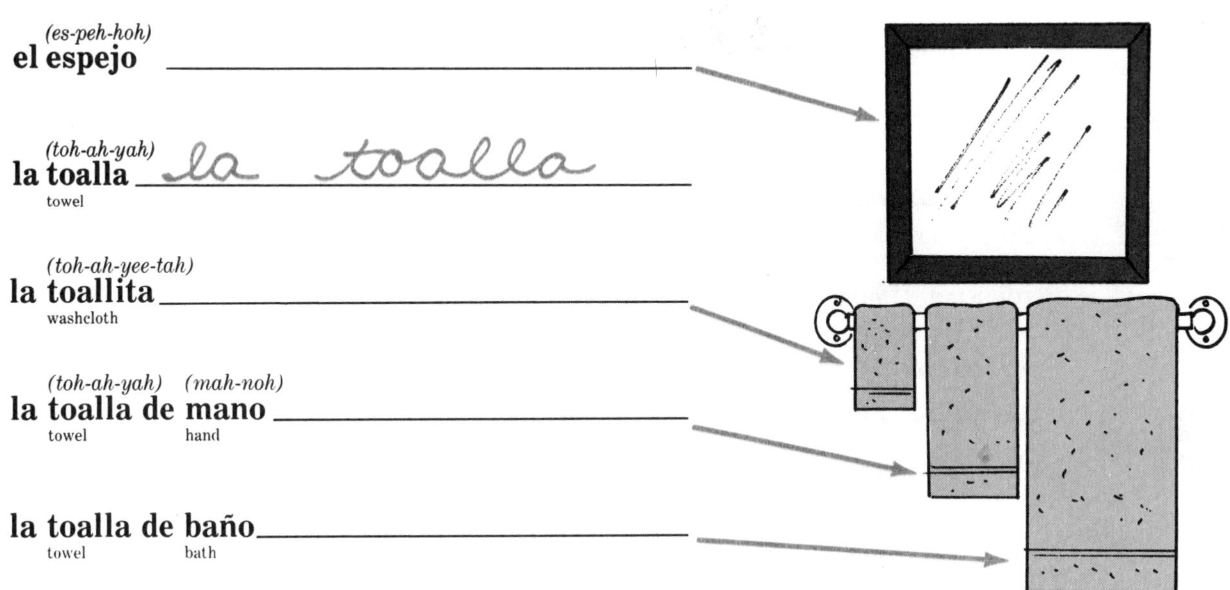

(es-peh-hoh) **el espejo** ______________________________

(toh-ah-yah) **la toalla** (towel) la toalla ______________________________

(toh-ah-yee-tah) **la toallita** (washcloth) ______________________________

(toh-ah-yah) *(mah-noh)* **la toalla de mano** (towel hand) ______________________________

la toalla de baño (towel bath) ______________________________

Do not forget to remove the next **ocho** stickers **y** label these **cosas** in your **cuarto de baño.**

- ☐ **la práctica** *(prahk-tee-kah)*............ practice ______________________________
- ☐ **el precio** *(preh-see-oh)* .... price ______________________________
- ☐ **preciso** *(preh-see-oh-soh)* .... precise ______________________________
- ☐ **la predicción** *(preh-deek-see-ohn)* ...... prediction ______________________________
- ☐ **el prefacio** *(preh-fah-see-oh)* .... preface ______________________________

el cuarto de baño en una casa

baño = bath, so a bathing room

¿Está la ducha a la derecha o a la izquierda en la pintura? La ducha está a la ______________ (?).

¿Dónde está el excusado arriba? El excusado está en el centro. *(sen-troh)* center

¿Dónde está el lavabo arriba? El lavabo está a la ______________________________ (?).

¿Dónde está el espejo arriba? El espejo está sobre el ___lavabo___ (?).

¿Dónde están las toallas de baño en la pintura arriba? *(toh-ah-yas)* bath towels

Las toallas están sobre el ______________ (?). **Las toallas están en la** ______________ (?).

Remember, **el cuarto de baño** means a room **(cuarto)** to bathe **(bañar)** in. If **usted está en un restaurante y necesita** the lavatory, **usted** want to ask for **los servicios o el excusado,** *not* for **el cuarto de baño.**

Perdóneme. ¿Dónde están los servicios?

Restrooms are marked **en español con** the letters **D y C.**

D representa *(reh-preh-sehn-tah)* represents **Damas** *(dah-mas)* ladies **y C representa Caballeros.** *(kah-bah-yair-ohs)* gentlemen

☐ **preferir** *(preh-feh-reer)*	to prefer	______________
☐ **preparar** *(preh-pah-rar)*	to prepare	______________
☐ **presente** *(preh-sen-teh)*	present	______________
☐ **principal** *(preen-see-pahl)*	prinicipal, main	______________
☐ **probable** *(proh-bah-bleh)*	probable	______________

Next stop — **la oficina,** specifically **la mesa o el escritorio** *(es-cree-toh-ree-oh)* (desk) **en la**  **oficina. ¿Qué está sobre el escritorio?** Let's identify **las cosas** which one normally finds **en la oficina o** strewn about **la casa.**

(lah-pees)
el lápiz

____

(ploo-mah)
la pluma

____

(pah-pel)
el papel

____

(kar-tah)
la carta

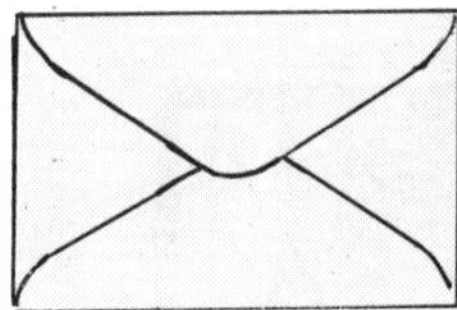

la carta

(tar-heh-tah) (pos-tahl)
la tarjeta postal

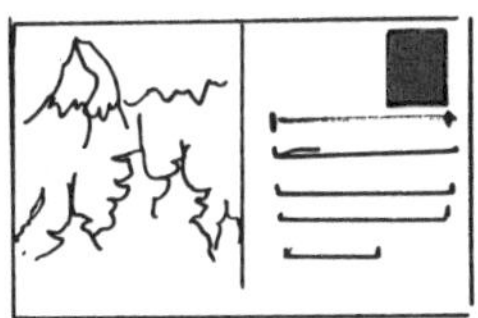

____

(teem-breh)
el timbre

____

(lee-broh)
el libro

____

(reh-vees-tah)
la revista

____

(peh-ree-oh-dee-koh)
el periódico

____

(gah-fahs)
las gafas

____

(teh-leh-vee-sohr)
el televisor

____

(ses-toh) *(pah-peh-les)*
el cesto para papeles

____

- ☐ **el problema** *(proh-bleh-mah)* .... problem _______________
- ☐ **el producto** *(proh-dook-toh)* .... product _______________
- ☐ **el profesor** *(proh-feh-sohr)* .... professor _______________
- ☐ **el programa** *(proh-grah-mah)* .... program _______________
- ☐ **prohibido** *(proh-hee-bee-doh)* .... prohibited, forbidden _______________

Ahora, label these **cosas en la oficina con** your stickers. Do not forget to say these **palabras** out loud whenever **usted escribe** them, **usted** see them, **o usted** apply the stickers. **Ahora,** identify **las cosas en la pintura abajo** by filling in each blank **con la palabra española correcta.**

Aquí están cuatro verbos más.

(vair) **ver** = to see

(mahn-dar) **mandar** = to send

(dor-meer) **dormir** = to sleep

(yah-mar) **llamar** = to call

ver ________ ________ ________

Ahora, fill in the blanks, **en la página** *(see-gee-en-teh)* **siguiente** (following)**, con la forma correcta de** these **verbos.**

Practice saying the sentences out loud many times.

☐ **la promesa** *(proh-meh-sah)* .... promise ________
☐ **la pronunciación** *(proh-noon-see-ah-see-ohn)*.. pronunciation ________
☐ **el público** *(poo-blee-koh)* .... public ________
☐ **el punto** *(poon-toh)* .... point ________
—**el punto de vista** .... viewpoint ________

ver

Yo veo/ la cama.

Usted ve/ la manta.

Él / Ella ______ el despertador.

Nosotros vemos/ el lavabo.

Ellos / Ellas ven/ la toalla.

mandar

Yo ______ la carta.

Usted ______ la tarjeta postal.

Él / Ella manda/ el libro.

Nosotros ______ tres tarjetas postales.

Ellos / Ellas ______ los libros.

dormir

Yo duermo/ en el dormitorio.

Usted ______ en la oficina.

Él / Ella duerme/ en la cama.

Nosotros dormimos/ en la sala.

Ellos / Ellas duermen/ en la cocina.

llamar

Yo ______ por teléfono.

Usted ______ a Italia.

Él / Ella ______ a María.

Nosotros llamamos/ a Francia.

Ellos / Ellas ______ a América.

As a review of **arriba** and **abajo, aquí está** a toast to use when **usted bebe en** México . . .

Arriba, (raise your **vaso**)

Abajo, (lower your **vaso**)

Al centro, (clink together the **vasos** in the center)

(ah-dehn-troh)
¡Adentro! (drink, of course!)
inside

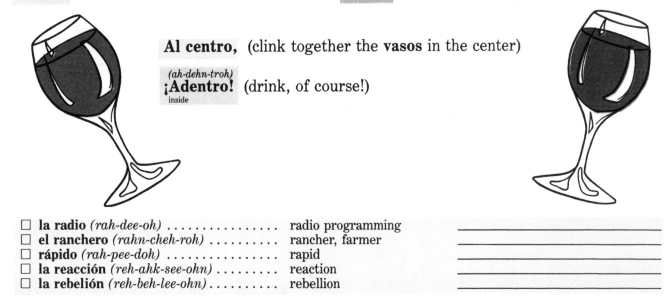

- ☐ **la radio** *(rah-dee-oh)* . . . . radio programming ______
- ☐ **el ranchero** *(rahn-cheh-roh)* . . . . rancher, farmer ______
- ☐ **rápido** *(rah-pee-doh)* . . . . rapid ______
- ☐ **la reacción** *(reh-ahk-see-ohn)* . . . . reaction ______
- ☐ **la rebelión** *(reh-beh-lee-ohn)* . . . . rebellion ______

Step 15

Usted know how to count, how to ask **preguntas,** how to use **verbos con** the "plug-in" formula, how to make statements, **y** how to describe something, be it the location of **un hotel o el color de la casa.** Let's now take the basics that **usted** have learned **y** expand them in special areas that will be most helpful in your travels. What does everyone do on a holiday? Send postcards, of course. Let's learn exactly how **la oficina de correos** works.

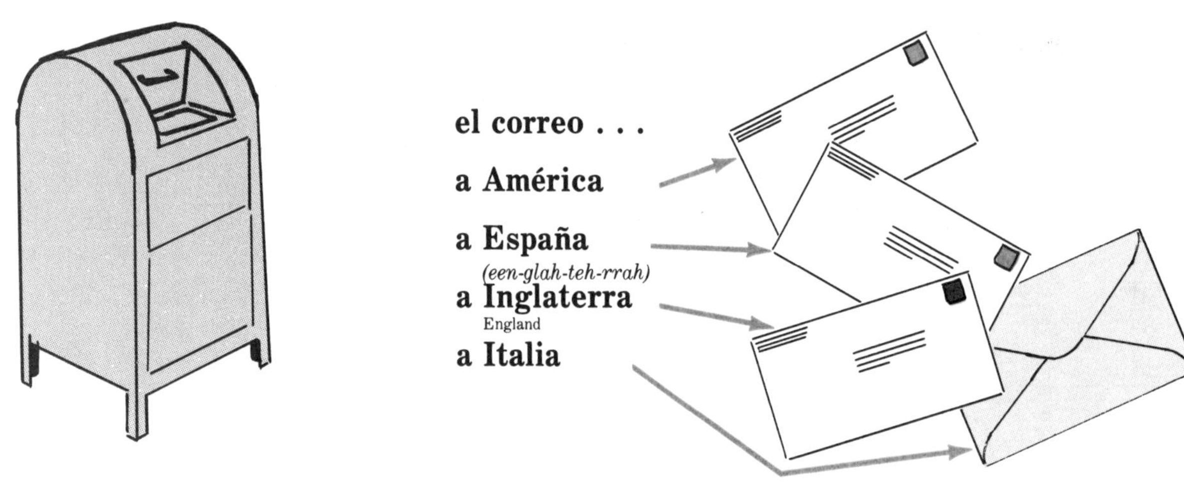

Aquí están the basic **palabras para la oficina de correos.** Be sure to practice them out loud **y luego escriba usted la palabra debajo de la pintura.**

- ☐ **la región** *(reh-hee-ohn)* .... region ______________
- ☐ **regular** *(reh-goo-lahr)* .... regular ______________
- ☐ **la relación** *(reh-lah-see-ohn)*........... relation ______________
- ☐ **la religión** *(reh-lee-hee-ohn)* .... religion ______________
- ☐ **el remedio** *(reh-meh-dee-oh)*........... remedy ______________

(pah-keh-teh)
el paquete

(boo-sohn)
el buzón

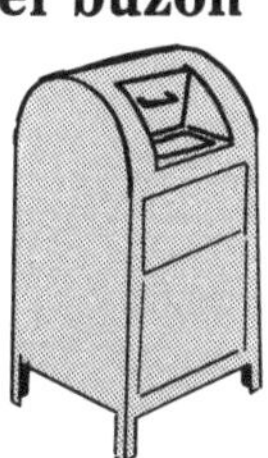

(ah-eh-reh-oh)
correo aéreo

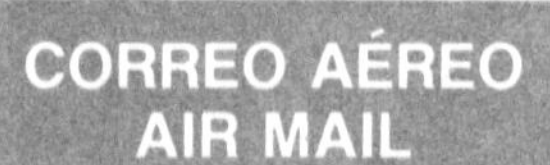

(ven-tah-nee-yah)
la ventanilla
counter, window

_______________ _______________ _______________ _______________

(kah-bee-nah) (teh-leh-foh-noh)
la cabina de teléfono

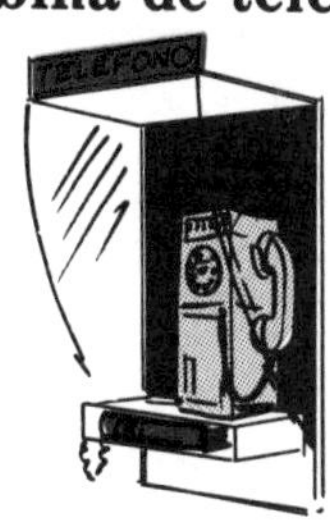

el teléfono

la oficina de correos

_______________ el teléfono _______________

La oficina de correos tiene todo *(toh-doh)* (everything)**. Usted manda** (send) **telegramas, cartas y tarjetas postales de la oficina de correos. Usted compra timbres en la oficina de correos. Usted llama** *(yah-mah)* (call) **por teléfono de la oficina de correos.** In large cities, **la oficina de correos tiene una ventanilla** *(ven-tah-nee-yah)* (counter, window) which is even **abierta** *(ah-bee-air-tah)* (open) **por** (in) **las tardes y los sábados** (Saturdays)**.** If **usted** need to call home to **América,** this can be done at **la oficina y** is called **una llamada** *(yah-mah-dah)* (call) **de larga** *(lar-gah)* (long) **distancia** *(dees-tahn-see-ah)* (distance)**.**

Okay, first step — **usted anda** (walk) **a** (to) **la oficina y entra allí** (there)**.**

The following **es una buena** sample **conversación.** Familiarize yourself **con estas** (these) **palabras ahora.** Don't wait until your holiday.

Perdóneme.
¿Dónde compro yo timbres?
En la ventanilla ocho.

- ☐ **reparar** *(reh-pah-rah)* . . . . to repair _______________
- ☐ **repetir** *(reh-peh-teer)* . . . . to repeat _______________
- **—Repita por favor** . . . . please repeat _______________
- ☐ **la república** *(reh-poo-blee-kah)* . . . . republic _______________
- ☐ **la reserva** *(reh-sair-vah)* . . . . reservation _______________

Next step — **Usted** ask **preguntas** like those **abajo** depending upon **lo que usted quiere.**

¿Dónde compro yo timbres? (buy)

¿Dónde compro yo una tarjeta postal?

¿Dónde llamo yo por teléfono?

¿Dónde puedo yo llamar a América por teléfono? (*pweh-doh*) (can)

¿Dónde puedo yo hacer una llamada local? hacer (*ah-sair*) (make), llamada (*yah-mah-dah*) (call), local (*loh-kahl*) (local)

¿Dónde mando yo un telegrama? (send)

¿Dónde mando yo un paquete?

¿Dónde está la cabina de teléfono?

¿Cuánto cuestan los timbres?

¿Cuánto cuesta eso?

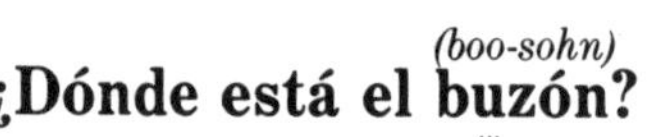

¿Dónde está el buzón? (*boo-sohn*) (mailbox)

Practice these sentences **arriba** again and again.

Ahora, quiz yourself. See if **usted** can translate the following thoughts into **español.** The answers **están abajo en la página siguiente.** (following)

1. Where is the telephone booth? ____________________
2. Where do I make a phone call? Dónde llamo yo por teléfono?
3. Where can I make a local phone call? ____________________
4. Where can I make a phone call to Italy? ____________________
5. Where is the post office? ____________________

- ☐ **el restaurante** (*rehs-tah-rahn-teh*) ..... restaurant ____________________
- ☐ **la revolución** (*reh-voh-loo-see-ohn*)..... revolution ____________________
- ☐ **romano** (*roh-mah-noh*) .... Roman ____________________
- ☐ **romántico** (*roh-mahn-tee-koh*) .... romantic ____________________
- ☐ **la sal** (*sahl*) .... salt ____________________

6. Where do I buy stamps? ____________________
7. Airmail stamps? ____________________
8. Where do I send a package? ____________________
9. Where do I send a telegram? ____________________
10. Where is counter eight? ____________________

Aquí están más verbos.

(ah-sair) **hacer** = to make/do   *(mohs-trar)* **mostrar** = to show   *(es-kree-beer)* **escribir** = to write   *(pah-gar)* **pagar** = to pay

hacer ____________ ____________ ____________

hacer

Yo *hago/* **una llamada.**

Usted *hace/* **una llamada.**

Él / Ella ____________ **mucho.**

Nosotros no ____________ **mucho.**

Ellos / Ellas ____________ **todo.** (everything)

mostrar

Yo le *muestro/* **el libro a usted.**

Usted le *muestra/* **el banco a él.**

Él / Ella nos ____________ **el hotel a nosotros.**

Nosotros no le ____________ **el** *(kas-tee-yoh)* **castillo** (castle) **a ella.**

Ellos / Ellas le *muestran/* **la pintura a ella.**

escribir

Yo ____________ **una carta.**

Usted *escribe/* **mucho.**

Él / Ella no ____________ **nada.**

Nosotros ____________ **más.**

Ellos / Ellas ____________ **todo.**

pagar

Yo *pago/* **la** *(kwehn-tah)* **cuenta.** (bill)

Usted ____________ **los billetes de teatro.**

Él / Ella ____________ **los billetes de tren.**

Nosotros ____________ **el vino.**

Ellos / Ellas ____________ **la** *(koh-mee-dah)* **comida.** (meal)

ANSWERS

1. ¿Dónde está la cabina de teléfono?
2. ¿Dónde llamo yo por teléfono?
3. ¿Dónde puedo yo hacer una llamada local?
4. ¿Dónde puedo yo hacer una llamada a Italia?
5. ¿Dónde está la oficina de correos?
6. ¿Dónde compro yo timbres?
7. ¿Timbres para correo aéreo?
8. ¿Dónde mando yo un paquete?
9. ¿Dónde mando yo un telegrama?
10. ¿Dónde está la ventanilla ocho?

Step 16

La Cuenta *(kwehn-tah)* (bill)

Sí, también hay *(ah-ee)* (there are) bills to pay **en México. Usted** have just finished your evening meal **(cena)** **y usted quiere pagar** (pay) **la cuenta. ¿Qué hace** (do) **usted? Usted llama** for **el camarero** *(kah-mah-reh-roh)* (waiter) **o la camarera** *(kah-mah-reh-rah)* (waitress)**:**

> **"¡La cuenta** *(kwehn-tah)*, **por favor!"**

El camarero *(kah-mah-reh-roh)* will normally reel off what **usted** have eaten, while writing rapidly. **Él** will then place **un pedazo** *(peh-dah-soh)* (piece) **de** (of) **papel** (paper) **delante de usted** that looks like **la cuenta en la pintura,** while saying something like

> **"Son sesenta mil pesos en total."** *(toh-tahl)* (total)

Perdóneme.
Yo quiero pagar.

Sí, por favor.

Ahora, since you know that a **propina** *(proh-pee-nah)* (tip) should be added on to that price just as if **usted** were in **América, usted** know to add about **nueve mil pesos** to **el precio** *(preh-see-oh)* (price)**.** So, **usted** pull out **setenta mil pesos y,** while placing **el dinero sobre la mesa, usted dice** (say)**,**

Aquí está el dinero.
Gracias.

El camarero then places your **cambio sobre la mesa y dice, "¡Buenas noches!"**

When **el camarero** leaves, you can then put his **propina sobre la mesa.**

- ☐ **el salario** *(sah-lah-ree-oh)* . . . . salary ______
- ☐ **el salmón** *(sahl-mohn)* . . . . salmon ______
- ☐ **el santo** *(sahn-toh)* . . . . saint ______
- ☐ **la sardina** *(sar-dee-nah)* . . . . sardine ______
- ☐ **el secretario** *(seh-kreh-tah-ree-oh)* . . . . . secretary ______

Remember these key words when dining out:

la carta or **el menú**

la cuenta and **la propina**

la camarera and **el camarero**

Luego, usted naturalmente dice **"Muchas gracias"** **cuando usted sale** (leave) **del restaurante.** Just as **en América, la cortesía** *(kor-teh-see-ah)* (courtesy) **es** as **importante** as **la propina. Usted** will leave the **camarero o la camarera** smiling by using **estas palabras.** Remember – **por favor, perdóneme,** and **muchas gracias.**

Aquí está a sample **conversación** involving paying **la cuenta** when leaving **un hotel.**

Carlos:	**Perdóneme. Yo quiero pagar la cuenta del hotel.**
Hotelero *(oh-teh-leh-roh)* (hotelier):	**El número del cuarto, por favor.**
Carlos:	**Cuarto trescientos diez.**
Hotelero:	**Muchas gracias. Un momento, por favor. Aquí está la cuenta. Son trescientos seis mil cuatrocientos veinte y cinco pesos en total.**
Carlos:	**Muchas gracias (y Carlos** hands him **ocho billetes de cincuenta mil pesos. El hotelero** returns shortly **y dice)**
Hotelero:	**Aquí está el recibo** *(reh-see-boh)* (receipt) **y su** *(soo)* (your) **cambio. Muchas gracias. ¡Adiós!** *(ah-dee-ohs)* (good-bye)

Simple, right? If **usted** ever **tiene** any **problemas** *(proh-bleh-mas)* (problems) **con números,** just ask the person to write out **los números** so that **usted** can be sure you understand everything correctly.

"Por favor, escriba usted los números. ¡Muchas gracias!"

Let's take a break from **dinero y,** starting **en la página siguiente,** learn some fun **palabras nuevas.**

- ☐ **la sensación** *(sen-sah-see-ohn)* . . . . sensation ____________
- ☐ **el septiembre** *(sehp-tee-em-breh)* . . . . September ____________
- ☐ **el servicio** *(sair-vee-see-oh)* . . . . service ____________
- ☐ **la sesión** *(seh-see-ohn)* . . . . session ____________
- ☐ **severo** *(seh-veh-roh)* . . . . severe ____________

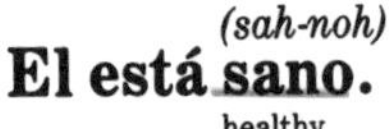

El está *(sah-noh)* **sano**. (healthy)

El está *(en-fair-moh)* **enfermo**. (sick)

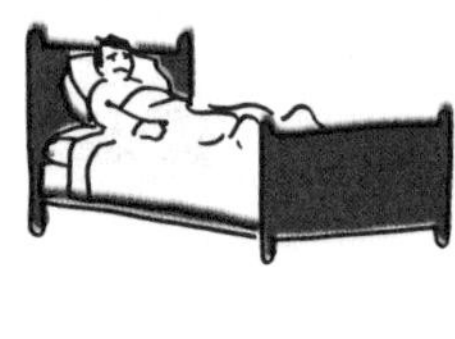

Eso es **bueno**.

Eso no es bueno.

Eso es *(mah-loh)* **malo**. (bad)

El agua está *(kah-lee-en-teh)* **caliente**. (hot)

El agua tiene 50 grados.

El agua está *(free-ah)* **fría**. (cold)

El agua tiene solamente (only) 17 grados.

FUERTE

Su *(soo)* voz *(vohs)* es *(soo-ah-veh)* **suave**. (his voice soft)

suave

Su voz es *(fwair-teh)* **fuerte**. (loud)

La *(lee-neh-ah)* línea roja es *(kor-tah)* **corta**. (line, short)

La línea azul es *(lar-gah)* **larga**. (long)

La mujer es *(grahn-deh)* **grande**. (big)

La niña es *(peh-kehn-yah)* **pequeña**.

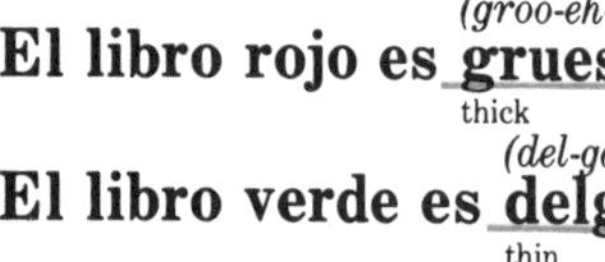

El libro rojo es *(groo-eh-soh)* **grueso**. (thick)

El libro verde es *(del-gah-doh)* **delgado**. (thin)

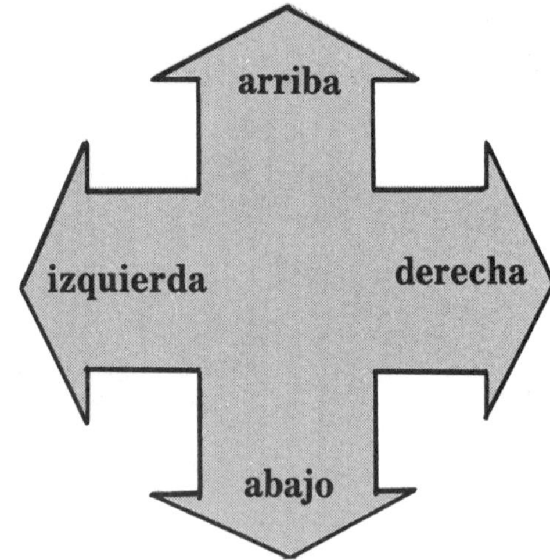

20 *(kee-loh-meh-tros)* **kilómetros** (kilometers) por hora

(des-pah-see-oh) **despacio** (slow)

200 kilómetros por hora

(rah-pee-doh) **rápido** (fast)

- ☐ **el silencio** *(see-len-see-oh)* . . . . silence
- ☐ **simple** *(seem-pleh)* . . . . simple
- ☐ **simultáneo** *(see-mool-tah-neh-oh)* . . . . simultaneous
- ☐ **la sinfonía** *(seen-foh-nee-ah)* . . . . symphony
- ☐ **el sistema** *(sees-teh-mah)* . . . . system

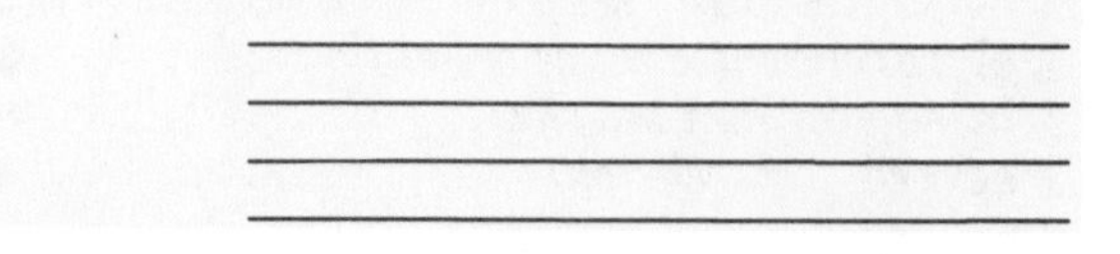

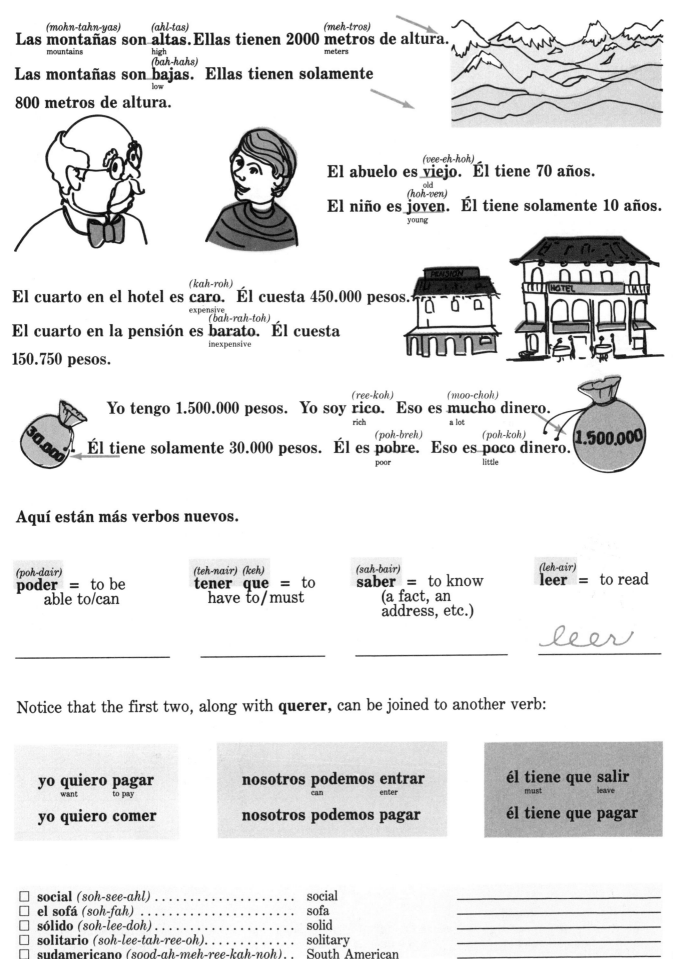

Las **montañas** *(mohn-tahn-yas)* (mountains) son **altas** *(ahl-tas)* (high). Ellas tienen 2000 **metros** *(meh-tros)* (meters) de altura.

Las montañas son **bajas** *(bah-hahs)* (low). Ellas tienen solamente 800 metros de altura.

El abuelo es **viejo** *(vee-eh-hoh)* (old). Él tiene 70 años.

El niño es **joven** *(hoh-ven)* (young). Él tiene solamente 10 años.

El cuarto en el hotel es **caro** *(kah-roh)* (expensive). Él cuesta 450.000 pesos.

El cuarto en la pensión es **barato** *(bah-rah-toh)* (inexpensive). Él cuesta 150.750 pesos.

Yo tengo 1.500.000 pesos. Yo soy **rico** *(ree-koh)* (rich). Eso es **mucho** *(moo-choh)* (a lot) dinero.

Él tiene solamente 30.000 pesos. Él es **pobre** *(poh-breh)* (poor). Eso es **poco** *(poh-koh)* (little) dinero.

Aquí están más verbos nuevos.

(poh-dair) **poder** = to be able to/can	*(teh-nair) (keh)* **tener que** = to have to/must	*(sah-bair)* **saber** = to know (a fact, an address, etc.)	*(leh-air)* **leer** = to read
______	______	______	leer

Notice that the first two, along with **querer,** can be joined to another verb:

yo quiero pagar (want, to pay)	**nosotros podemos entrar** (can, enter)	**él tiene que salir** (must, leave)
yo quiero comer	**nosotros podemos pagar**	**él tiene que pagar**

- ☐ **social** *(soh-see-ahl)* .... social ______
- ☐ **el sofá** *(soh-fah)* .... sofa ______
- ☐ **sólido** *(soh-lee-doh)* .... solid ______
- ☐ **solitario** *(soh-lee-tah-ree-oh)* .... solitary ______
- ☐ **sudamericano** *(sood-ah-meh-ree-kah-noh)* .. South American ______

Study their pattern closely as **usted** will use these **verbos** a lot.

poder

Yo puedo **leer el español.** (read)

Usted puede **hablar español.**

Él / Ella ______ **entender el español.** (understand)

Nosotros podemos **entender el inglés.** (understand)

Ellos / Ellas pueden **entender el francés.**

tener que

Yo tengo que **pagar la cuenta.**

Usted ______ **pagar la cuenta.**

Él / Ella tiene que **pagar la cuenta.**

Nosotros tenemos que **pagar la cuenta.**

Ellos / Ellas tienen que **pagar la cuenta.**

saber

Yo sé **eso.**

Usted no ______ **nada.**

Él / Ella sabe **eso.**

Nosotros ______ **todo.**

Ellos / Ellas saben **cuanto eso cuesta.**

leer

Yo leo **el libro.**

Usted ______ **el periódico.**

Él / Ella ______ **la revista.**

Nosotros leemos **la cuenta.**

Ellos / Ellas ______ **el periódico alemán.**

¿Puede usted translate these thoughts **abajo en español?** The answers **están abajo.**

1. I can speak Spanish. ______
2. He must pay now. ______
3. We not know that. Nosotros no sabemos eso.
4. They can pay the bill. ______
5. She knows a lot. ______
6. I can speak a little **(un poco)** Spanish. ______

ANSWERS

1. **Yo puedo hablar español.**
2. **Él tiene que pagar ahora.**
3. **Nosotros no sabemos eso.**
4. **Ellos pueden pagar la cuenta.**
5. **Ella sabe mucho.**
6. **Yo puedo hablar un poco español.**

Ahora, draw **líneas entre** the opposites **abajo.** Don't forget to say them out loud.

Use these **palabras** every **día** to describe **cosas en su** *(soo)* your **casa, en su escuela** *(es-kweh-lah)* school**, en su oficina,** etc.

grande	**arriba**
izquierda	**bajo**
joven	**pequeño**
pobre	**fuerte**
sano	**delgado**
largo	**barato**
mucho	**poco**
bueno	**enfermo**
grueso	**viejo**
alto	**rápido**
caliente	**derecha**
abajo	**frío**
despacio	**rico**
caro	**malo**
suave	**corto**

- ☐ **el tabaco** *(tah-bah-koh)* .... tobacco ________________
- ☐ **la tarifa** *(tah-ree-fah)* .... tariff, fare ________________
- ☐ **el taxi** *(tah-see)* .... taxi ________________
- ☐ **el té** *(teh)* .... tea ________________
- ☐ **el teatro** *(teh-ah-troh)* .... theater ________________

Step 17

(vee-ah-har)
Viajar, Viajar, Viajar
travel

¡Ayer a Ensenada! **¡Hoy a Mazatlán!** **¡Mañana a Acapulco!**

¡El lunes en Ixtapa! **¡El miércoles en Guadalajara!** **¡El viernes en Oaxaca!**

Depending on which Spanish-speaking country and area you visit, traveling **puede** range from **excelente** *(eh-seh-len-teh)* to "**interesante.**" *(een-teh-reh-sahn-teh)* **¿Cómo puede usted viajar?**

Pedro viaja *(vee-ah-hah)* (travels) **en coche.**

Anita viaja por tren.

Maria viaja por avión.

Juan viaja en barco.

En la ciudad *(see-oo-dahd)* (city)**, Ana viaja en bicicleta.**

En el campo *(kam-poh)* (country)**, José viaja por autobús.**

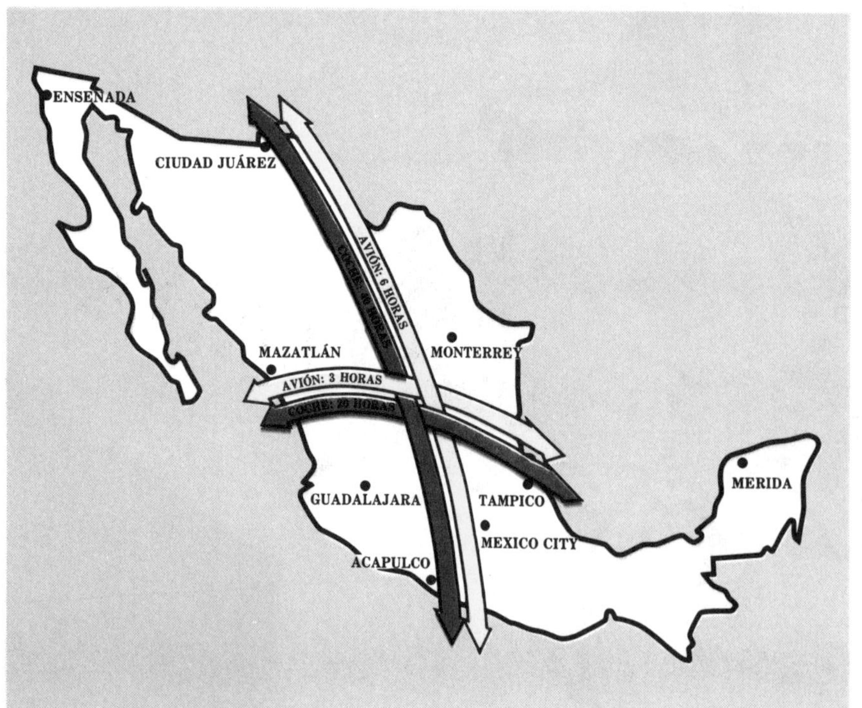

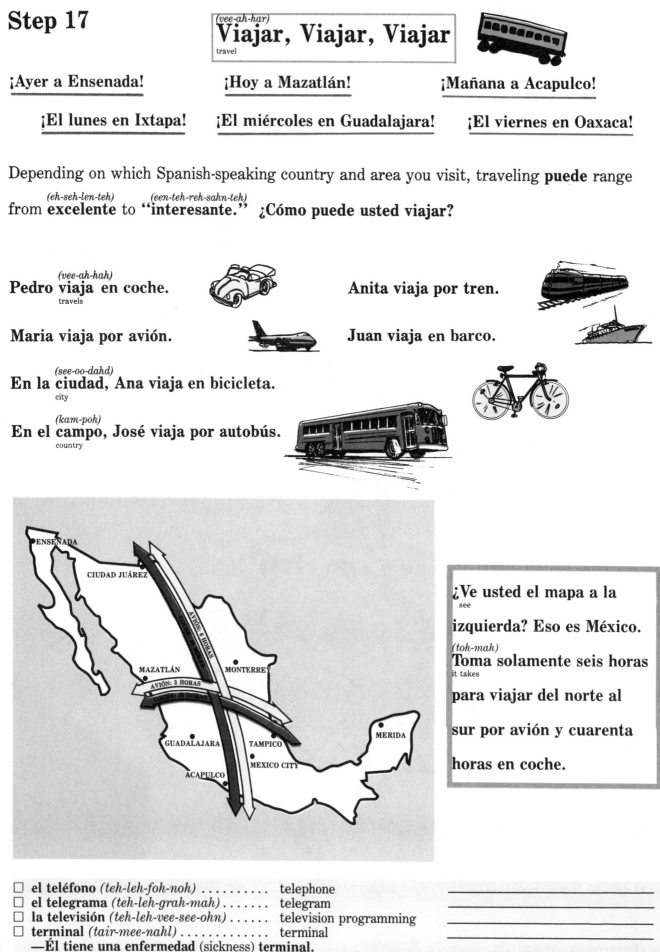

¿Ve (see) **usted el mapa a la izquierda? Eso es México. Toma** *(toh-mah)* (it takes) **solamente seis horas para viajar del norte al sur por avión y cuarenta horas en coche.**

- ☐ **el teléfono** *(teh-leh-foh-noh)* .... telephone ____________
- ☐ **el telegrama** *(teh-leh-grah-mah)* .... telegram ____________
- ☐ **la televisión** *(teh-leh-vee-see-ohn)* ...... television programming ____________
- ☐ **terminal** *(tair-mee-nahl)* .... terminal ____________
  —**Él tiene una enfermedad** (sickness) **terminal.**

The **palabra** for "trip" is taken from the **palabra "viajar,"** which makes it easy:

(vee-ah-heh)
viaje. trip So, **cuando usted hace** (make) **un viaje, usted viaja** (travel). Here are some other useful words.

Viaje (trip) **por avión**

Viaje por tren

Viaje en coche

Viaje en barco

La agencia *(ah-hen-see-ah)* **de viajes**

La maleta *(mah-leh-tah)* (suitcase) **para el viaje**

La información *(een-for-mah-see-ohn)* (information) **para el viaje**

Abajo están some basic signs which **usted** should **también** learn to recognize quickly.

¿Puede usted recognize the **palabras "entrar" y "salir" en estas palabras?**

SALIDA

ENTRADA

La entrada *(en-trah-dah)* (entrance) ____________________

La entrada principal *(preen-see-pahl)* (main) ____________________

Entrada prohibida *(proh-hee-bee-dah)* (prohibited) ____________________

La salida *(sah-lee-dah)* (exit) la salida

La salida principal ____________________

¡Prohibido el paso! *(pah-soh)* (passage) ____________________

Salida de urgencia *(oor-hen-see-ah)* (urgency (emergency)) ____________________

- ☐ **la temperatura** *(tem-peh-rah-too-rah)* . . temperature ____________________
- ☐ **el termómetro** *(tair-moh-meh-troh)* . . . . thermometer ____________________
- ☐ **típico** *(tee-pee-koh)*. . . . . typical ____________________
- ☐ **el tomate** *(toh-mah-teh)*. . . . . tomato ____________________
- ☐ **total** *(toh-tahl)* . . . . total ____________________

Remembering that the **palabra por** travel **es "viaje,"** let's learn the following **palabras** as well.

el viajero *(vee-ah-heh-roh)* traveler ___el viajero___ **¡buen viaje!** ______________

el viaje de placer *(plah-sair)* pleasure ______________

Aquí están cuatro opposites **importantes.**

DE MADRID A BARCELONA			
Partida *(par-tee-dah)* departure	**Número de tren**	**Llegada** *(yeh-gah-dah)* arrival	**Notas** *(noh-tas)* notes
8:20	TER 86	5:40	
10:00	TER 10	7:00	
2:14	TER 199	10:20	
10:30	TER 210	8:40	

la llegada *(yeh-gah-dah)* arrival ______________

la partida *(par-tee-dah)* departure ______________

extranjero *(es-tran-heh-roh)* foreign ______________

del país *(pah-ees)* of the country (domestic) ___del país___

Let's learn the basic travel **verbos.** Follow the same pattern **usted** did in previous Steps.

volar *(voh-lar)* = to fly
yo vuelo = I fly
___volar___

aterrizar *(ah-teh-rree-sar)* = to land
____

reservar *(reh-sair-vair)* = to reserve/ to book
____

llegar *(yeh-gar)* = to arrive
____

partir *(par-teer)* = to leave
____

estar sentado *(sen-tah-doh)* = to be seated
____

subir *(soo-beer)* = to climb into/ to board
____

bajar *(bah-har)* = to get out/ to disembark
____

cambiar (de tren) *(kahm-bee-ar)* = to transfer (trains)
____

- ☐ **trágico** *(trah-hee-koh)* .... tragic ______________
- ☐ **tranquilo** *(trahn-kee-loh)*............. tranquil, quiet ______________
- ☐ **transparente** *(trahns-pah-ren-teh)* ..... transparent ______________
- ☐ **transportar** *(trahns-por-tar)* .... to transport ______________
- ☐ **el tren** *(trehn)* .... train ______________

Con estos verbos, usted está ready for any **viaje** anywhere. Using the "plug-in" formula for **verbos** which **usted** have drilled previously, translate the following thoughts into **español.** The answers **están abajo.**

1. I fly to Buenos Aires. ______________________
2. I transfer in Bogotá. ______________________
3. We land in Acapulco. ______________________
4. He sits in the airplane. Él está sentado en el avión.
5. She reserves the trip to America. ______________________
6. They travel to Caracas. ______________________
7. Where is the train to Madrid? ______________________
8. How can I fly to Spain? With United or with Iberia? ______________________

____

Aquí están más palabras nuevas para el viaje. As always, write out **las palabras y** practice the sample sentences out loud.

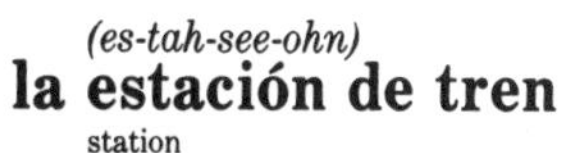

(es-tah-see-ohn)
la estación de tren
station

____

Perdóneme. ¿Dónde está la estación de tren?

(tair-mee-nahl)
la estación terminal
terminal

____

Perdóneme. ¿Dónde está la estación terminal?

(ah-eh-roh-pwair-toh)
el aeropuerto
airport

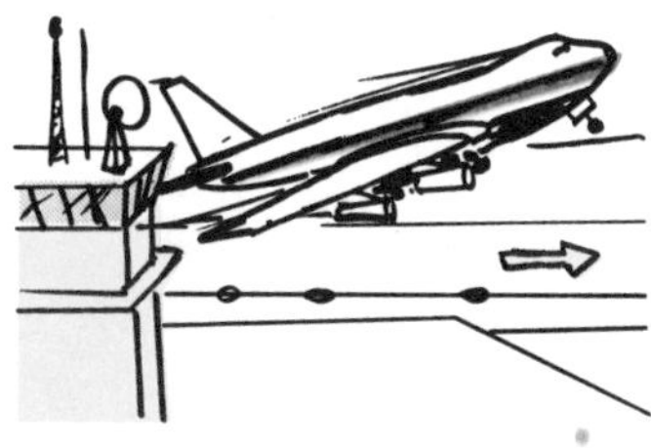

el aeropuerto

Perdóneme. ¿Dónde está el aeropuerto?

ANSWERS

1. Yo vuelo a Buenos Aires.
2. Yo cambio (de tren, de avión) en Bogotá.
3. Nosotros aterrizamos en Acapulco.
4. Él está sentado en el avión.
5. Ella reserva el viaje a América.
6. Ellos viajan a Caracas.
7. ¿Dónde está el tren a Madrid?
8. ¿Cómo puedo yo volar a España? ¿Con United o con Iberia?

La oficina de cambio	La oficina de *(ohb-heh-tos)* objetos *(pair-dee-dos)* perdidos	El *(oh-rah-ree-oh)* horario
exchange (money)	objects / lost	timetable

La oficina de cambio
exchange (money)

____

Perdóneme. ¿Dónde está la oficina de cambio?

La oficina de *(ohb-heh-tos)* **objetos** *(pair-dee-dos)* **perdidos**
objects lost

____

Perdóneme. ¿Dónde está la oficina de objetos perdidos?

El *(oh-rah-ree-oh)* **horario**
timetable

DE MADRID A BARCELONA

(par-tee-dah) Partida (departure)	Número de tren	*(yeh-gah-dah)* Llegada (arrival)	*(noh-tas)* Notas (notes)
8:20	TER 86	5:40	
10:00	TER 10	7:00	
2:14	TER 199	10:20	
10:30	TER 210	8:40	

el horario

Perdóneme. ¿Dónde está el horario?

(oh-koo-pah-doh)
ocupado ______________
occupied

(kohm-par-tee-mee-en-toh)
el compartimiento ______________
compartment

(ah-see-en-toh)
el asiento el asiento
seat

¿Está este asiento ocupado? ______________
this

¿Está este compartimiento ocupado? ______________

Practice writing out the following **preguntas.** It will help you **más** *(tar-deh)* **tarde.** (later)

Perdóneme. ¿Dónde está el excusado? ______________

Perdóneme. ¿Dónde está el compartimiento nueve? ______________

____

¿Dónde está la sala de *(es-peh-rah)* **espera?** ______________
room waiting

¿Dónde está el asiento número ocho? ______________

¿Está prohibido *(foo-mar)* **fumar?** ______________
is it to smoke

- ☐ **el triángulo** *(tree-ahn-goo-loh)* . . . . triangle ______________
- ☐ **triunfante** *(tree-oon-fahn-teh)* . . . . triumphant ______________
- ☐ **trivial** *(tree-vee-ahl)* . . . . trivial ______________
- ☐ **el trolebús** *(troh-leh-boos)* . . . . trolleybus ______________
- ☐ **la trompeta** *(trohm-peh-tah)* . . . . trumpet ______________

Increase your travel **palabras** by writing out **las palabras abajo y** practicing the sample sentences out loud.

a ______________________
¿Dónde está el tren a Madrid?

de ______________________
¿Cuándo viene el avión de Mazatlán?

(vee-ah)
la vía (track) ______________________
El tren sale (departs) **de la vía ocho.**

(ahn-dehn)
el andén (platform) el andén
El tren llega (arrives) **al andén cinco.**

Practice these **palabras** every **día. Usted** will be surprised how **frecuentemente** *(freh-kwen-teh-men-teh)* (frequently) **usted** will use them. **¿Puede usted leer las frases** *(frah-ses)* (phrases) **siguientes?**

Usted está sentado en el avión y usted vuela a España. Usted have **cambiado** (exchanged) **el dinero** (you have, haven't you?), **usted tiene los billetes y el pasaporte** *(pah-sah-por-teh)* (passport)**, y usted** have packed **las maletas. Usted es ahora turista** *(too-rees-tah)* (tourist)**. Usted aterriza** (land) **mañana a las 11:45 en España. ¡Buen viaje! ¡Buena suerte!**

Ahora, usted have **llegado** (arrived) **y usted** head for the **estación de tren** in order to get to your final destination. **Los trenes españoles** come in many shapes, sizes **y** speeds. **Hay el tren correo** (mail (local)) **(muy despacio), el tren expreso** *(es-preh-soh)* (express) **(rápido) y el TER** *(tair)* **tren (muy rápido).** Some **trenes tienen un coche-comedor** (car dining) **y** some **trenes tienen un coche-cama** (car bed (sleeper))**.** All this will be indicated on the **horario de trenes,** but remember, **usted sabe** (know) **también cómo** to ask **cosas** like this. Practice your possible **combinaciones** *(kohm-bee-nah-see-oh-nes)* (combinations) **de preguntas** by writing out the following samples.

¿Tiene el tren un coche-comedor? ______________________

¿Tiene el tren un coche-cama? ¿Tiene el tren un coche-cama?

- ☐ **tropical** *(troh-pee-kahl)* .... tropical ______________
- ☐ **el tumulto** *(too-mool-toh)* .... tumult ______________
- ☐ **el túnel** *(too-nel)* .... tunnel ______________
- ☐ **el turista** *(too-rees-tah)* .... tourist ______________
- ☐ **el tutor** *(too-tor)* .... tutor ______________

What about inquiring about **precios? Usted puede** ask **eso también.**

¿Cuánto cuesta el viaje a Barcelona? ______________________

(ee-dah) **ida** going (one-way) ~~ida~~ ______________ *(vwel-tah)* **ida y vuelta** going and returning (round-trip) ______________

¿Cuánto cuesta el viaje a Sevilla? ______________________

¿Cuánto cuesta el viaje a Lisboa? ______________________

¿Solamente ida o ida y vuelta? ______________________

What about **llegada** (arrival) **y partida** (departure) times? **¡Usted puede** *(preh-goon-tar)* **preguntar** (ask) **eso también!**

¿Cuándo parte el avión para Roma? ______________________

¿Cuándo parte el tren para Burgos? ______________________

¿Cuándo llega el avión de Londres? ______________________

¿Cuándo llega el tren de Valencia? ______________________

Usted have **llegado** (arrived) **a España. Usted está ahora en la estación de tren. ¿Dónde quiere usted** to go? Well, tell that to the person at the **ventanilla** selling **billetes!**

Yo quiero viajar a Heidelberg. ______________________

Yo quiero viajar a Málaga. ______________________

Nosotros queremos viajar a Córdoba. ______________________

¿Cuándo parte el tren para Granada? ______________________

¿Cuánto cuesta un billete a Valencia? ______________________

Yo quiero un billete a Cartagena. ______________________

(pree-meh-rah) **primera** (first) *(klah-seh)* **clase** (class) primera clase ______________ *(seh-goon-dah)* **segunda** (second) *(klah-seh)* **clase** ______________

¿Ida o ida y vuelta? ______________________

¿Tengo yo que cambiar de tren? ______________ **Gracias.** ______________

Con esta práctica, usted está off **y** running. **Estas** (these) **palabras de viaje** will make your holiday twice as enjoyable **y** at least three times as easy. Review **estas palabras nuevas** by doing the crossword puzzle **en la página 77.** Practice drilling yourself on this Step by selecting other locations **y** asking your own **preguntas** about **trenes, autobuses, o aviones** that go there. Select **palabras nuevas** from your **diccionario y** practice asking **preguntas** that **comienzan con** (begin) **DÓNDE** **CUÁNDO** **CUÁNTO CUESTA**

o making statements like **Yo quiero viajar a la Ciudad de México. Yo quiero comprar un billete.**

ACROSS

3. bill
11. restaurant
16. left
19. to wash
24. it is
27. east
28. monetary unit of **México**
34. we
36. suitcase
39. the (masc. singular)
42. (he/she) walks
43. nothing
44. twenty
49. a
50. of the
53. cloth
56. ocean
61. the (fem. plural)

DOWN

1. information
2. (I) want
4. to live
5. ladies
6. fish
8. to work
12. time, weather
19. (they) read
25. to begin
26. to stay
29. it is
30. living room
35. object
38. train
42. to walk
44. returning
51. in
52. local
57. calm

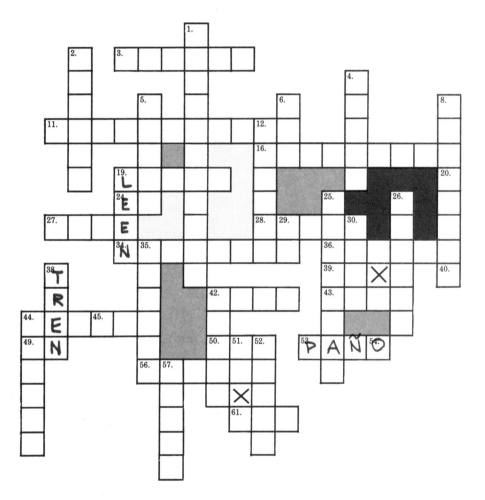

ANSWERS TO CROSSWORD PUZZLE

ACROSS

3. **cuenta**
11. **restaurante**
16. **izquierda**
19. **lavar**
24. **es**
27. **este**
28. **pesos**
34. **nosotros**
36. **maleta**
39. **el**
42. **anda**
43. **nada**
44. **veinte**
49. **un**
50. **del**
53. **paño**
56. **océano**
61. **las**

DOWN

1. **información**
2. **quiero**
4. **vivir**
5. **damas**
6. **pez**
8. **trabajar**
12. **tiempo**
19. **leen**
25. **comenzar**
26. **quedar**
29. **es**
30. **sala**
35. **objeto**
38. **tren**
42. **andar**
44. **vuelta**
51. **en**
52. **local**
57. **calma**

Step 18

Usted está ahora en Cancún (o Madrid o Lima) y usted tiene un cuarto en un hotel. ¿Y ahora? Usted tiene hambre *(ahm-breh)* (hunger)**. Usted quiere comer** (to eat)**. ¿Dónde está un restaurante bueno?** First of all, **hay** different types of places to eat. Let's learn them.

el restaurante	=	exactly what it says, with a variety of meals
el café	=	a coffee house with snacks **y** beverages
la fonda *(fohn-dah)* **/el parador** *(pah-rah-dor)*	=	an inn with a full range of meals. In **España** especially, several places of historic interest have been preserved and converted into **paradores,** so you often get history, scenery and good food!
la cantina *(kahn-tee-nah)* **/la taverna** *(tah-vair-nah)*	=	a bar — but wait! Many bars in **España** have a large variety of hot and cold snacks (called **tapas** *(tah-pas)*) which can be combined for an interesting and flavorful meal.

Try all of them. Experiment. **Usted encuentra** (find) **ahora un restaurante bueno. Usted entra en el restaurante y usted encuentra un asiento.** Sharing **mesas con** others **es** a common **y muy** pleasant custom **en España.** If **usted ve** (see) a vacant **silla** *(see-yah)* (chair)**,** just be sure to first ask

Perdóneme. ¿Está este (this) **asiento ocupado** (occupied)**?**

If **usted necesita una carta,** catch the attention of the **camarero y** say

¡La carta, por favor!

- ☐ **último** *(ool-tee-moh)* .... ultimate, last
- ☐ **el uniforme** *(oo-nee-for-meh)* .... uniform
- ☐ **la unión** *(oo-nee-ohn)* .... union
- ☐ **la universidad** *(oo-nee-vair-see-dahd)* ... university
- ☐ **urbano** *(oor-bah-noh)* .... urban

En España, México y los *(pah-ees-es)* **países** (countries) **sudamericanos y centroamericanos** (Central American)**, hay tres** main meals to enjoy every day.

(deh-sah-yoo-noh) **el desayuno** =	breakfast	**En hoteles y pensiones,** this meal usually consists of coffee or tea, rolls, butter and marmalade.
(ahl-mwair-soh) **el almuerzo** =	lunch	Generally served from 12 to 15:00, followed by a **siesta** period of quiet. Shops close down, to reopen around 15:00 or 16:00.
(koh-mee-dah) **la comida** =	dinner	Generally served from 20:00 to midnight. **Usted** may have to hunt for a place that is open when your stomach tells you it's time to eat!

If **usted** look around you **en un restaurante, usted** will **ver** (see) that some *(kos-toom-bres)* **costumbres** (customs) **hispanos son diferentes** from ours. Before starting **la comida, usted** always wish **la gente** (people) in your party **o** those sharing your **mesa** **"¡Buen** (good) *(proh-veh-choh)* **provecho!"** (appetite) Before clearing the **platos, el camarero** will ask **"¿Le ha** *(goos-tah-doh)* **gustado?"** **Él** is asking if **usted** enjoyed your **comida y** if it tasted good. A smile **y** a **"Sí, muchas gracias"** will tell him that you enjoyed it.

Ahora, it may be **desayuno** time **en** Denver, but **usted está en España y son las ocho de la noche.** Most **restaurantes españoles** post **la carta** outside. Always read it before entering so **usted sabe** (know) what type of **comidas y precios usted** will encounter inside. Most **restaurantes** offer *(koo-bee-air-toh)* **un cubierto,** (special meal of the day) a complete meal at a fair **precio, o un plato del día.** (dish) In addition, **hay** all the following main *(kah-teh-goh-ree-as)* **categorías** (categories) **en la carta.**

- ☐ **urgente** *(oor-hehn-teh)*................ urgent ____________________
- ☐ **usar** *(oo-sar)*........................ to use ____________________
- ☐ **usual** *(oo-soo-ahl)*.................... usual ____________________
- ☐ **el utensilio** *(oo-ten-see-lee-oh)* .... utensil ____________________
- ☐ **la utilidad** *(oo-tee-lee-dahd)* .... utility ____________________

(en-treh-meh-ses)
Entremeses .... hors d'oeuvres

(soh-pahs)
Sopas .... soups

(kar-neh)
Carne .... meat

(pes-kah-doh)
Pescado .... fish

(ah-ves) (cah-sah)
Aves y Caza .... poultry and game

(pohs-tres)
Postres .... desserts

(beh-bee-das)
Bebidas .... beverages

(boh-kah-dee-yos)
Bocadillos .... sandwiches

(leh-goom-bres)
Legumbres .... vegetables

Most **restaurantes también** offer **especialidades** *(es-peh-see-ah-lee-dah-des)* (specialties) **de la casa o** specific meals prepared according to the **región** *(reh-hee-ohn)* (region) **— a la Catalana,** for example. If **usted** happen to be traveling **con niños,** look for the **porciones** *(por-see-oh-nes)* (portions) **para niños.** Or for that matter, look for the **platos recomendados** *(reh-koh-men-dah-dos)* (recommended)**.** **Ahora** for a preview of delights to come . . . At the back of this **libro, usted encuentra una** sample **carta española. Lea** (read) **usted la carta hoy y aprenda usted las palabras nuevas.** When **usted** are ready to leave on your **viaje,** cut out **la carta,** fold it and carry it in your pocket, wallet **o** purse. **Usted** can **ahora** go in any **restaurante y** feel prepared!

- ☐ **las vacaciones** *(vah-kah-see-oh-nes)* .... vacation ______________
- ☐ **la vacante** *(vah-kahn-teh)* .... vacancy ______________
- ☐ **el vagabundo** *(vah-gah-boon-doh)* ...... vagabond ______________
- ☐ **la vainilla** *(vi-nee-yah)* .... vanilla ______________
- ☐ **válido** *(vah-lee-doh)* .... valid ______________

In addition, learning the following should help you to identify what kind of meat **o** poultry **usted pide y cómo** it will be prepared.

order

(vah-kah)
vaca
(tair-neh-rah)
ternera
(kor-deh-roh)
cordero
(sair-doh)
cerdo
(ah-veh)
ave
(kah-sah)
caza

(ah-sah-doh) **asado**	= roasted
(koh-see-doh) **cocido**	= cooked
(free-toh) **frito**	= fried
al (or-noh) **horno**	= baked
a la (pahr-ree-yah) **parrilla**	= grilled
a la (roh-mah-nah) **Romana**	= in batter

Usted también will get (leh-goom-bres) **legumbres con** your **comida, y una ensalada** (mees-tah) **mixta.** (mixed) **Un día** at an open-air (mair-kah-doh) **mercado** (market) will teach you **los** (nohm-bres) **nombres** (names) for all the different kinds of **legumbres y** (froo-tas) **frutas,** (fruits) plus it will be a delightful experience for you. **Usted puede** (can) always consult your menu guide at the back of this **libro** if **usted** forget **los nombres correctos. Ahora usted** have decided **lo que usted quiere comer y el camarero viene.**

Yo quiero una sopa
(choo-leh-tah)
y una chuleta de ternera.
chop
¿Y para beber?
to drink
Un vaso de vino tinto,
por favor.

- ☐ **el valle** *(vah-yeh)* .... valley ____________
- ☐ **la vanidad** *(vah-nee-dahd)* .... vanity ____________
- ☐ **varios** *(vah-ree-os)* .... various ____________
- ☐ **el Vaticano** *(vah-tee-kah-noh)* .... the Vatican ____________
- ☐ **el vehículo** *(veh-hee-koo-loh)* .... vehicle ____________

Don't forget about treating yourself to **un** (poh-streh) **postre** (dessert). **Usted no quiere** to miss out on trying the following desserts.

(koh-pah) (eh-lah-doh) **una copa de helado** — bowl, ice cream	(flahn) **flan** — caramel custard
(pee-hah-mah) **pijama** — cake with custard, fruit and ice cream	(mahn-sah-nas) (reh-yeh-nas) **manzanas rellenas** — baked apples stuffed with cinnamon and sugar

After completing your **comida,** call **el camarero y** pay just as **usted** have already learned in Step 16:

La cuenta, por favor.

Aquí abajo está a sample **carta** to help you prepare for **su viaje** (your trip).

RESTAURANTE LA HACIENDA

ENTREMESES	Pesetas
Entremeses de la casa (selection of cold cuts)	85
Melón con jamón serrano (melon with smoked ham)	75
Coctel de langosta (lobster cocktail)	90
Coctel de mariscos (seafood cocktail)	80
Almejas al natural (clams)	80

SOPAS	
Gazpacho (cold vegetable soup)	40
Consomé (consommé)	20
Crema reina (cream-of-chicken soup)	40

PLATOS	
Solomillo con champiñones (sirloin with mushrooms)	160
Biftec (beefsteak)	130
Ternera asada (roast veal)	150
Escalope de ternera empanada (breaded veal cutlet)	150
Ternera jardinera (veal with vegetables)	155
Riñones al jerez (kidneys in a sherry sauce)	135
Chuletas de cerdo (pork chops)	125
Lomo relleno (pork loin stuffed with cheese)	140
Chuletas de ternasco (baby lamb chops)	155
Cordero asado (roast lamb)	150
Pollo asado (roast chicken)	120
Conejo con ajo (rabbit with garlic)	135
Perdiz al jerez (partridge in a sherry sauce)	175

POSTRES	
Copa de helado con nata (ice cream with whipped cream)	35
Torta de chocolate (chocolate cake)	45
Flan (caramel custard)	50

BEBIDAS	
Vino de mesa (table wine)	15
Cerveza (beer)	10
Jugo de naranja fresca (fresh orange juice)	20
Jugo de manzana (apple juice)	18
Jugo de tomate (tomato juice)	15
Agua mineral (mineral water)	15
Café corto (espresso coffee)	10
Café cortado (espresso with steamed milk)	18
Café con leche (half coffee, half milk)	20

Todos los platos vienen acompañados con una ensalada mixta, legumbres y patatas. (All dishes come with a mixed salad, vegetables and potatoes.)

Impuestos y servicios incluidos. (Taxes and service charges are included.)

- ☐ **la víctima** *(veek-tee-mah)* .... victim ________
- ☐ **el vinagre** *(vee-nah-greh)*........... vinegar ________
- ☐ **el vino** *(vee-noh)*................ wine ________
- ☐ **el violín** *(vee-oh-leen)*.............. violin ________
- ☐ **la visa** *(vee-sah)* .... visa ________

El desayuno es un poco diferente because **es** (it is) fairly standardized **y usted** will frequently take it at your **pensión** *(pehn-see-ohn)* as **el desayuno está incluido** *(een-kloo-ee-doh)* (included) **en el precio del cuarto. Aquí abajo está** a sample of what **usted puede** expect to greet you **por la mañana.**

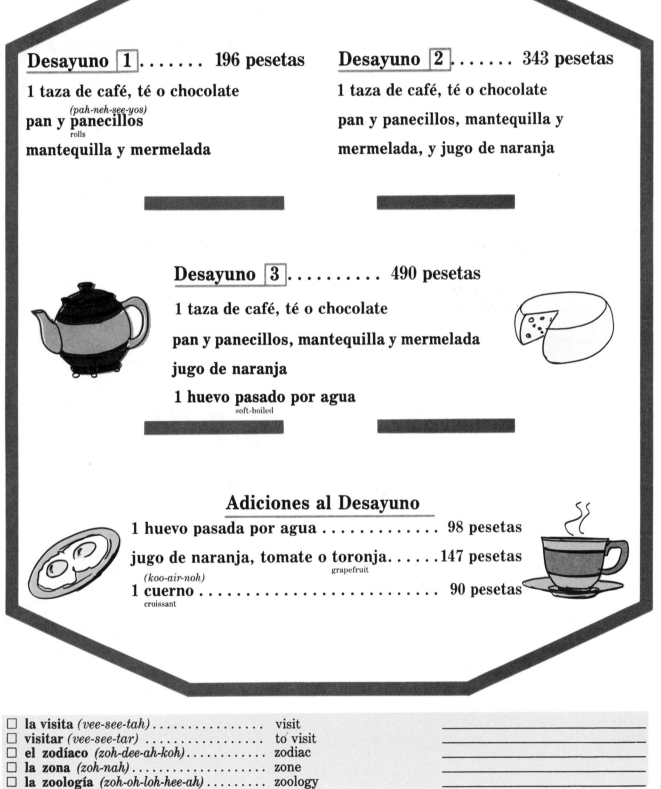

Desayuno 1 .... **196 pesetas**

1 taza de café, té o chocolate

pan y panecillos *(pah-neh-see-yos)* (rolls)

mantequilla y mermelada

Desayuno 2 .... **343 pesetas**

1 taza de café, té o chocolate

pan y panecillos, mantequilla y mermelada, y jugo de naranja

Desayuno 3 .... **490 pesetas**

1 taza de café, té o chocolate

pan y panecillos, mantequilla y mermelada

jugo de naranja

1 huevo pasado por agua (soft-boiled)

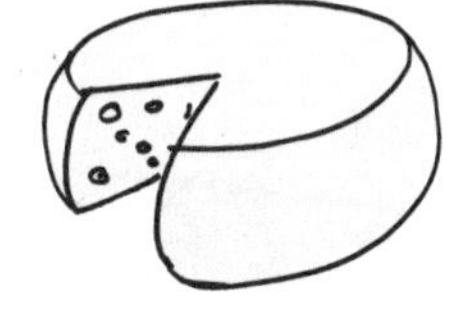

Adiciones al Desayuno

1 huevo pasada por agua .... **98 pesetas**

jugo de naranja, tomate o toronja (grapefruit) ...... **147 pesetas**

1 cuerno *(koo-air-noh)* (croissant) .... **90 pesetas**

☐ **la visita** *(vee-see-tah)*	visit	________
☐ **visitar** *(vee-see-tar)*	to visit	________
☐ **el zodíaco** *(zoh-dee-ah-koh)*	zodiac	________
☐ **la zona** *(zoh-nah)*	zone	________
☐ **la zoología** *(zoh-oh-loh-hee-ah)*	zoology	________

Step 19

(teh-leh-foh-noh) El Teléfono (telephone)

¿Qué es diferente about **el teléfono en México o España?** Well, **usted** never notice such things until **usted quiere** to use them. **Los teléfonos** allow you to reserve **cuartos en hoteles en** another **ciudad** (city), call *(ah-mee-gos)* **amigos** (friends), reserve **billetes de teatro, de ballet, o de concierto,** make calls **de urgencia,** check on the hours of **un museo,** rent **un coche, y** all those other **cosas** which **nosotros hacemos** (do) on a daily basis. It **también** gives you a certain amount of freedom — **usted puede** (can) **hacer** (make) your own calls.

Having **un teléfono en** *(soo)* **su** (your) **casa no es** as *(koh-moon)* **común** (common) anywhere **en México o España** as **en los Estados Unidos.** That means **usted puede encontrar** (find) *(kah-bee-nas)* **cabinas** (booths) **de teléfono — teléfonos** *(poo-blee-kos)* **públicos** (public) — everywhere.

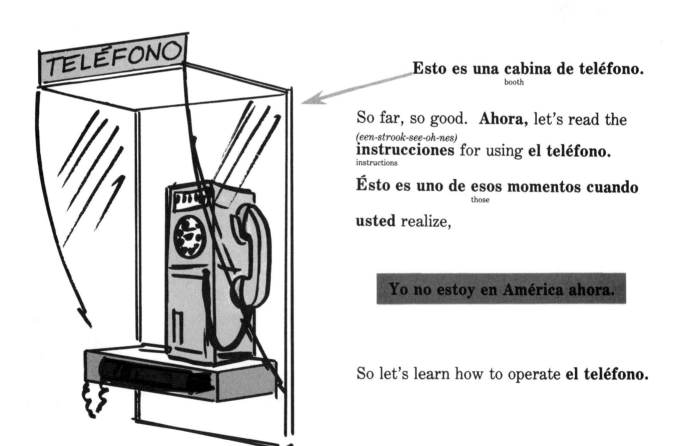

Esto es una cabina (booth) **de teléfono.**

So far, so good. **Ahora,** let's read the *(een-strook-see-oh-nes)* **instrucciones** (instructions) for using **el teléfono. Ésto es uno de esos** (those) **momentos cuando usted** realize,

Yo no estoy en América ahora.

So let's learn how to operate **el teléfono.**

The **instrucciones** look **complicadas** *(kohm-plee-kah-das)* complicated but actually are not — some of these **palabras usted** should be able to recognize already. Let's learn the others. Here's how the **instrucciones** might go.

TELÉFONO PÚBLICO

Llamadas locales y de larga distancia
calls

No telegramas, no llamadas al extranjero *(es-trahn-heh-roh)* foreign

Descolgar el auricular
pick up — receiver

Echar por lo menos 2000 pesos
throw in — at least

Marcar el número
dial

No olvidar el número del prefijo para llamadas de larga distancia
forget — prefix

Colgar el auricular al completar la llamada
hang up — receiver — at completing

Números de urgencia:

Policía ________ **101**
police

Incendio ________ **102**
fire

Médico ________ **103**
doctor

Información ________ **104**

Eso that wasn't so **difícil,** was it? Just to keep you on your toes, here's a fast review quiz **de palabras de cortesía** *(kohr-teh-see-ah)* courtesy. We've added one — "you're welcome" translates literally as "of nothing," meaning "it was nothing." Can you guess it? Draw **líneas entre las palabras inglesas y españolas.**

good-bye	**buenos días**
please	**gracias**
you're welcome	**adiós**
thanks	**de nada**
many thanks	**por favor**
good evening	**perdóneme**
good morning	**buenas noches**
pardon me	**muchas gracias**

(sah-beh)
So **ahora usted sabe como hacer una llamada, y como hablar con cortesía** to the operator.
know to make to speak

But **qué dice usted cuando usted** finally get through to your party? The **persona** who answers the **teléfono** may **decir "Bueno,"** or his name **"Juan Mendoza."** But what if he answers with the command **"Diga"**? Or he may be as likely to demand **"¿Con quién?"**
speak with whom

cuando él picks up the **auricular,** (which is short for **"¿Con quién hablo yo?"** — "With
receiver

whom am I speaking?"). Don't get flustered. **Él** is not being impolite; just tell him slowly **y** clearly what **usted quiere.**

Teléfono customs are not always the same! If **usted** ask to speak to **Señor Martinez** without giving your name, you may hear the person on the other end ask **"¿De parte de quién?"**
on behalf of whom

or, more to the point, **"¿Quién llama?"**
who calls

(ahs-tah) *(ahs-tah)*
When saying good-bye, you have a choice: **"Hasta luego"** or **"Hasta mañana."** **Ahora,**
until then until tomorrow

aquí están some sample **conversaciones por teléfono.** Write them in the blanks **abajo.**

(nah-see-oh-nahl)
Yo quiero llamar al Museo Nacional. ______________________________
national

Yo quiero llamar a Chicago. ______________________________

Yo quiero llamar a la Señora Martínez en Acapulco. ______________________________

Yo quiero llamar a Mexicana en la Ciudad de México. ______________________________

Yo quiero llamar a un médico. ______________________________
doctor

¿Dónde está la cabina de teléfono? ______________________________

¿Dónde está la guía telefónica? ______________________________
directory

(mee)
Mi numero es el 67598. ______________________________
my

¿Cuál es el número? ______________________________

 Aquí está another **conversación posible.** Listen to the **palabras y como ellas** are used.

María: **Buenos días. Aquí María Mendoza. Yo quiero hablar con el Señor Galdés, por favor.**

Secretaria: **Un momento. Lo siento. Su teléfono está ocupado.**
I am sorry / his / busy

(reh-pee-tah)
María: **Repita usted eso por favor. Yo hablo solamente un poco español.**
repeat / only / a / little

Hable usted por favor más despacio.
slower

Secretaria: **Lo siento. El teléfono está ocupado.**

María: **Oh. Muchas gracias. Adiós.**

(poh-see-bee-lee-dahd)
Y una posibilidad más . . .
more

Christina: **Yo quiero información sobre Mazatlán, por favor. Yo quiero el número de teléfono allí del Doctor Juan Sánchez Domínguez.**
about / there

Información: **El número es el 782-4242.**

Christina: **Repita eso, por favor.**

Información: **El número es el 782-4242.**

Christina: **Muchas gracias. Adiós.**

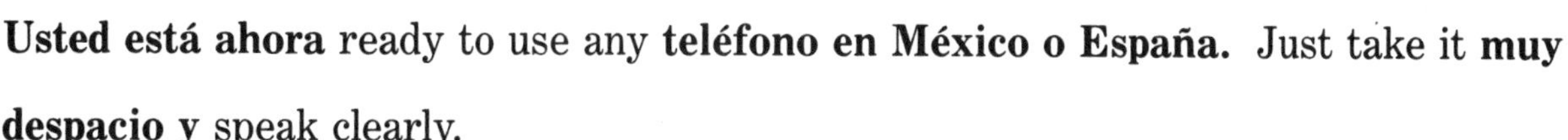

Usted está ahora ready to use any **teléfono en México o España.** Just take it **muy despacio y** speak clearly.

Don't forget that **usted puede preguntar. . .**
ask

¿Cuánto cuesta una llamada local?

____

¿Cuánto cuesta una llamada a América?

____

¿Cuánto cuesta una llamada de larga distancia a Mazatlán?
long / distance

____

¿Cuánto cuesta una llamada de larga distancia a Buenos Aires?

____

Don't forget that **usted necesita cambio para el teléfono!**
change

Step 20

El Metro

(meh-troh) subway

El metro es el nombre español para the subway. **Las ciudades grandes en España, México y los países sudamericanos y centroamericanos tienen un metro** just like **las ciudades grandes en América. Usted** will find **un metro en las ciudades grandes** like **Madrid, Barcelona, la Ciudad de México y Buenos Aires. Las ciudades más pequeñas** (smaller) **solamente tienen una tranvía,** what we call a streetcar. Both **el metro y la tranvía son modos** *(moh-dos)* (ways) **rápidos y fáciles** *(fah-see-les)* (simple) to travel. **¿Cuáles** *(kwah-les)* (which) **palabras tiene usted que saber** *(sah-bair)* (to know) **para el metro o la tranvía?** Let's learn them by practicing them aloud **y luego** by writing them in the blanks.

el metro

el tranvía

el autobús

_______________ _______________ _______________

(pah-rah-dah)
la parada = the stop _______________

(lee-neh-ah)
la línea = the line la línea

(kohn-dook-tor)
el conductor = the driver _______________

(koh-brah-dor)
el cobrador = the conductor _______________

Let's also review the "transportation" **verbos** at this point.

(soo-beer)
subir = to get in/to board

subir

(bah-har)
bajar = to get out/to disembark

____

(kahm-bee-ar)
cambiar (de tranvía, de línea) = to transfer

____

(vee-ah-har)
viajar = to travel

____

Los mapas displaying the various **líneas y paradas están** generally posted outside every

(en-trah-dah) *(oh-rah-ree-oh)*
entrada al metro. Normally **el horario está** available at **una Oficina de Información y**
entrance, to the, schedule

(too-rees-moh) *(ah-hen-see-ah)* *(kee-ohs-koh)*
Turismo, o possibly an **agencia de viajes, o** even a **kiosco.** Just as **en América, las líneas**
tourism, travel agency, newsstand

(en-ten-dair)
son frequently color-coded to make the **horario muy fácil** to **entender.** Other than having
schedule, understand

foreign **palabras, los metros allí son** just like **los metros norteamericanos.** Check the
there

nombre of the last **parada** on the **línea** which you should take **y** catch the **metro** traveling
stop

in that direction. The same applies for the **tranvía.** See **el mapa aquí abajo.**

The same basic set of **palabras y preguntas** will see you through traveling **por autobús, por metro, por tranvía o** even **por tren.**

Naturally, **la** *(pree-meh-rah)* **primera** (first) **pregunta es "dónde":**

¿Dónde está la parada de metro?

¿Dónde está la parada de tranvía?

¿Dónde está la parada de autobús?

Practica the following basic **preguntas** out loud **y luego** write them in the blanks **a la derecha.**

1. **¿Dónde está la parada de metro?** ________________

   ¿Dónde está la parada de tranvía? ________________

   ¿Dónde está la parada de autobús? ________________

2. **¿Cuántas** (how often) *(veh-ses)* **veces viene** (comes) **el metro?** ¿Cuántas veces viene el metro?

   ¿Cuántas veces viene el tranvía? ________________

   ¿Cuántas veces viene el autobús? ________________

3. **¿Cuándo viene el metro?** ________________

   ¿Cuándo viene el tranvía? ________________

   ¿Cuándo viene el autobús? ________________

4. *(vah)* **¿Va** (goes) **el metro al Museo Nacional?** ¿Va el metro al Museo Nacional?

   ¿Va (goes) **el tranvía al Museo Nacional?** ________________

   ¿Va el autobús al Museo Nacional? ________________

5. **¿Cuánto cuesta un billete para el metro?** ________________

   ¿Cuánto cuesta un billete para el tranvía? ________________

   ¿Cuánto cuesta un billete para el autobús? ________________

Ahora that **usted** are in the swing of things, **practica** the **siguientes** (following) patterns aloud, substituting **"tranvía"** for **"metro" y** so on.

1. **¿Dónde compro yo un billete para el metro? ¿para el tranvía? ¿para el autobús?**

2. **¿Cuándo va** (goes) **el metro a la Floresta?** *(floh-res-tah)* (woods) **¿a la Universidad?** *(oo-nee-vair-see-dahd)* **¿a la Plaza de Toros?** *(plah-sah)* (bullring)
   ¿a la Plaza Mayor? *(mah-yor)* (major) **¿al Jardín Zoológico?** *(zoh-oh-loh-hee-koh)* **¿a la Catedral?** *(kah-teh-dral)* **¿al Parque?** *(par-keh)* (park)

3. **¿Dónde está la parada para el metro a la Floresta?** (woods)
   ¿Dónde está la parada para el tranvía a la Universidad?
   ¿Dónde está el autobús para la Plaza de Toros?
   ¿Dónde está la parada para el metro a la Plaza Mayor?
   ¿Dónde está la parada para el tranvía al Jardín Zoológico?
   ¿Dónde está la parada para el autobús a la Catedral?
   ¿Dónde está la parada para el metro al Parque?

Lea *(lee-ah)* (read) **usted** the following **conversación típica** *(tee-pee-kah)* (typical) **y luego escriba** (write) **usted la conversación** in the blanks **a la derecha.**

¿Qué *(keh)* **línea va** (goes) **al Museo Nacional?** ______________________

El metro línea roja va al Museo Nacional. ______________________

¿Cuántas veces va el metro línea roja? ______________________

Cada *(kah-dah)* (every) **diez minutos.** Cada diez minutos.

¿Tengo yo que cambiar de línea? ______________________

Sí, en la Plaza Mayor. Usted cambia de línea en (at) **la parada "Plaza Mayor."**

____

¿Cuánto tiempo dura (lasts) **de aquí al Museo Nacional?** ______________________

Dura *(doo-rah)* (it lasts) **20 minutos.** ______________________

¿Cuánto cuesta un billete al Museo Nacional? ______________________

Cuesta (it costs) **2000 pesos.** ______________________

Puede usted translate the following thoughts into **español? Las respuestas están abajo.**
(res-pwes-tas) respuestas = answers

1. Where is the subway stop? ______
2. How much does a ticket to the cathedral cost? ______
3. How often does the yellow line go to the woods? ______
4. Where do I buy a ticket to the main plaza? ______
5. Where is the streetcar stop? ______
6. I would like to get out. Yo quiero bajar.
7. Must I transfer? ______
8. Where must I transfer? ______

Aquí están tres verbos más.

(lah-var) **lavar** = to wash	*(pair-dair)* **perder** = to lose	*(doo-rar)* **durar** = to last
lavar	______	______
Yo lavo el coche.	**Yo pierdo el billete.**	**El viaje dura dos horas.**

Usted know the basic "plug-in" formula, so translate the following thoughts **con** these **verbos nuevos. Las respuestas están abajo también.**
(res-pwes-tas) respuestas = answers

1. She washes the jacket. Ella lava la chaqueta.
2. You lose the book. ______
3. The trip to the National Museum takes 20 minutes. ______
4. The trip takes three hours by car. ______

LAS RESPUESTAS

1. **¿Dónde está la parada de metro?**
2. **¿Cuánto cuesta un billete a la Catedral?**
3. **¿Cuántas veces va la línea amarilla a la Floresta?**
4. **¿Dónde compro yo un billete a la Plaza Mayor?**
5. **¿Dónde está la parada de tranvía?**
6. **Yo quiero bajar.**
7. **¿Tengo yo que cambiar?**
8. **¿Dónde tengo yo que cambiar?**

1. **Ella lava la chaqueta.**
2. **Usted pierde el libro.**
3. **El viaje dura 20 minutos al Museo Nacional.**
4. **El viaje dura tres horas en coche.**

(ven-dair) Vender y *(kohm-prar)* Comprar
selling — buying

Step 21

Shopping abroad **es** exciting. The simple everyday task of buying **un litro** *(lee-troh)* (liter) **de leche o una manzana** *(mahn-sah-nah)* (apple) becomes a challenge that **usted** should **ahora** be able to meet quickly **y** easily. Of course, **usted** will purchase **recuerdos** *(reh-kwair-dos)* (souvenirs)**, timbres y tarjetas postales,** but do not forget those many other **cosas** ranging from shoelaces to aspirin that **usted** might need unexpectedly. **¿Sabe usted la diferencia entre** (between) **una librería** *(lee-breh-ree-ah)* (bookstore) **y una farmacia** *(far-mah-see-ah)* (pharmacy)? No. Let's learn about the different **tiendas** *(tee-en-das)* (stores) **en países** *(pah-ee-ses)* (countries) **donde se** (one) **habla español. Abajo está un mapa de una ciudad típica.**

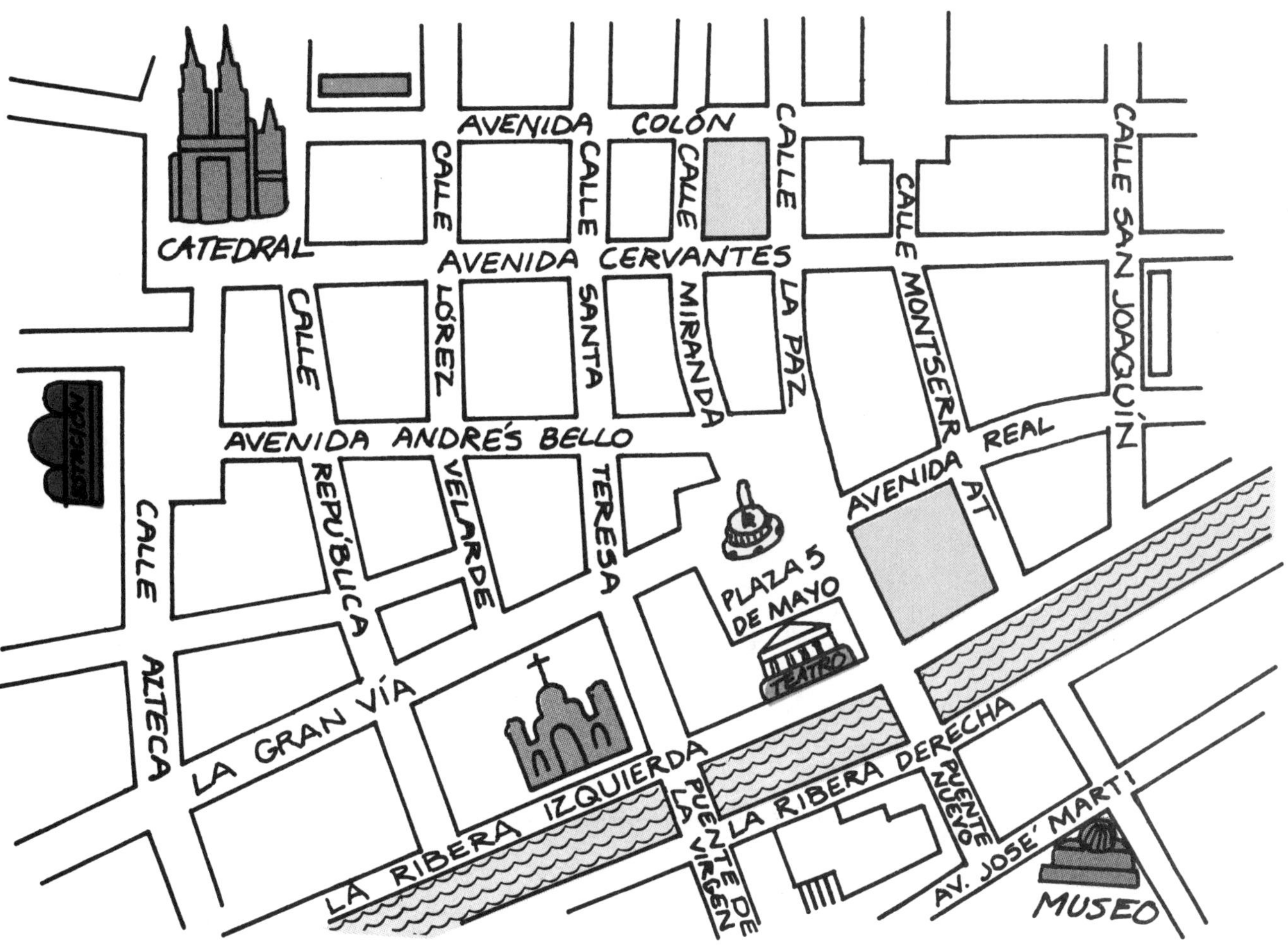

En las páginas siguientas están las tiendas (stores) **de esta** (this) **ciudad.** Be sure to fill in the blanks **debajo de las pinturas con los nombres de las tiendas.**

(pah-nah-deh-ree-ah)
la panadería
bakery

donde usted compra pan
buy — bread

(kar-nee-seh-ree-ah)
la carnicería
butcher's

donde usted compra carne
buy — meat

(lah-vahn-deh-ree-ah)
la lavandería
laundry

donde usted lava la ropa *(roh-pah)*
wash — clothes

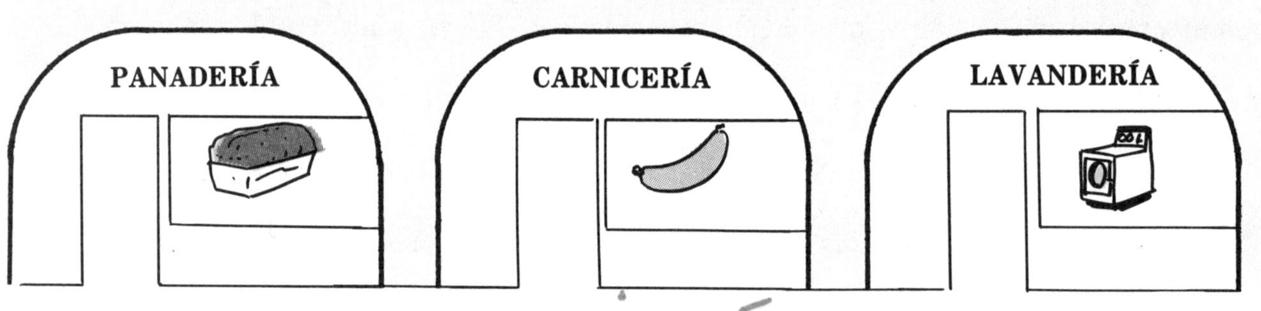

______ carnicería ______

(pas-teh-leh-ree-ah)
la pastelería
pastry shop

donde usted compra

(pahs-teh-les)
pasteles
pastries

(droh-geh-ree-ah)
la droguería
drugstore

donde usted compra

(hah-bohn)
jabón
soap

(far-mah-see-ah)
la farmacia
pharmacy

donde usted compra

(ahs-pee-ree-nah)
aspirina
aspirin

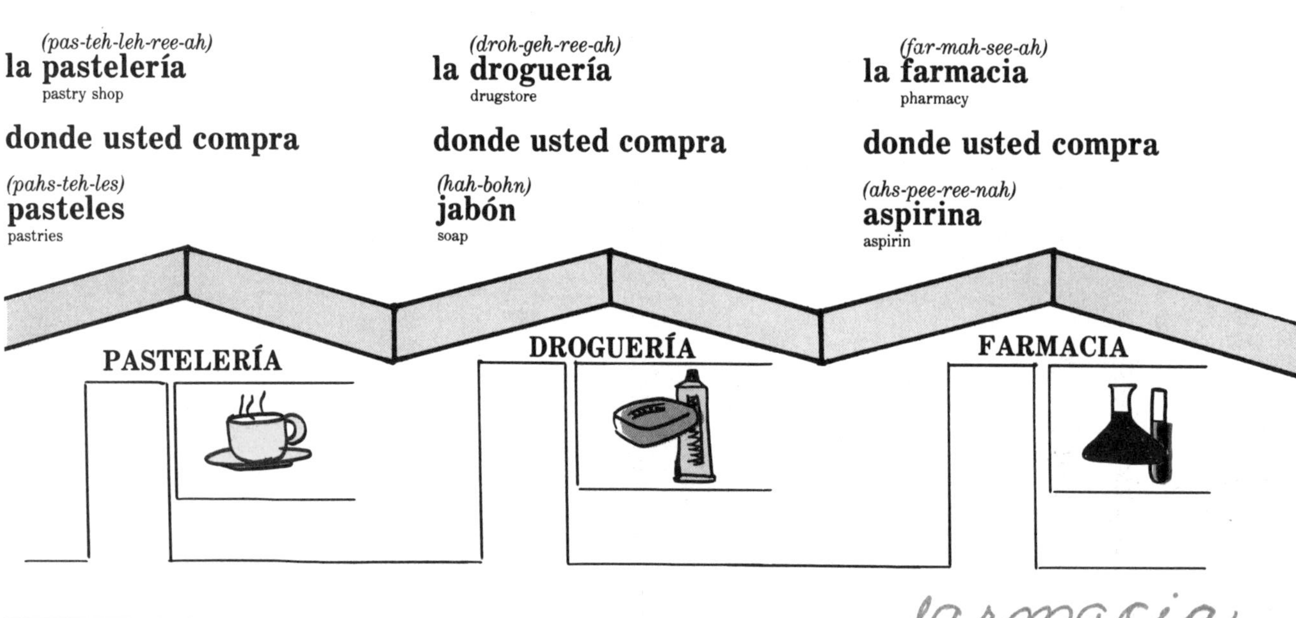

______ ______ farmacia

(floh-reh-ree-ah)
la florería
flower shop

donde usted compra flores

(tah-bah-keh-ree-ah)
la tabaquería
tobacco shop

donde usted compra

(tah-bah-koh) *(see-gah-ree-yos)*
tabaco y cigarillos

(kon-fee-teh-ree-ah)
la confitería
candy store

donde usted compra

(bohm-boh-nes) *(choh-koh-lah-teh)*
bombones y chocolate
candy

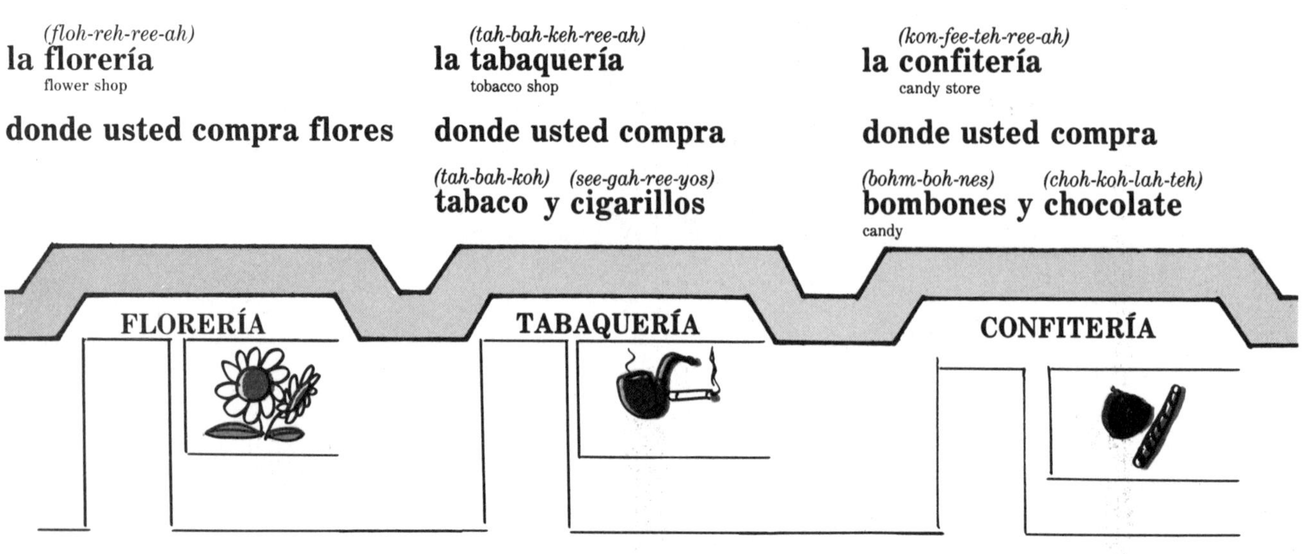

(leh-cheh-ree-ah)
la lechería
dairy
donde usted compra leche

(kah-mah-ras)
la tienda de cámaras
camera store
fotográficas donde usted compra rollos de película

(vair-doo-lair-ee-ah)
la verdulería
greengrocer's
donde usted compra legumbres

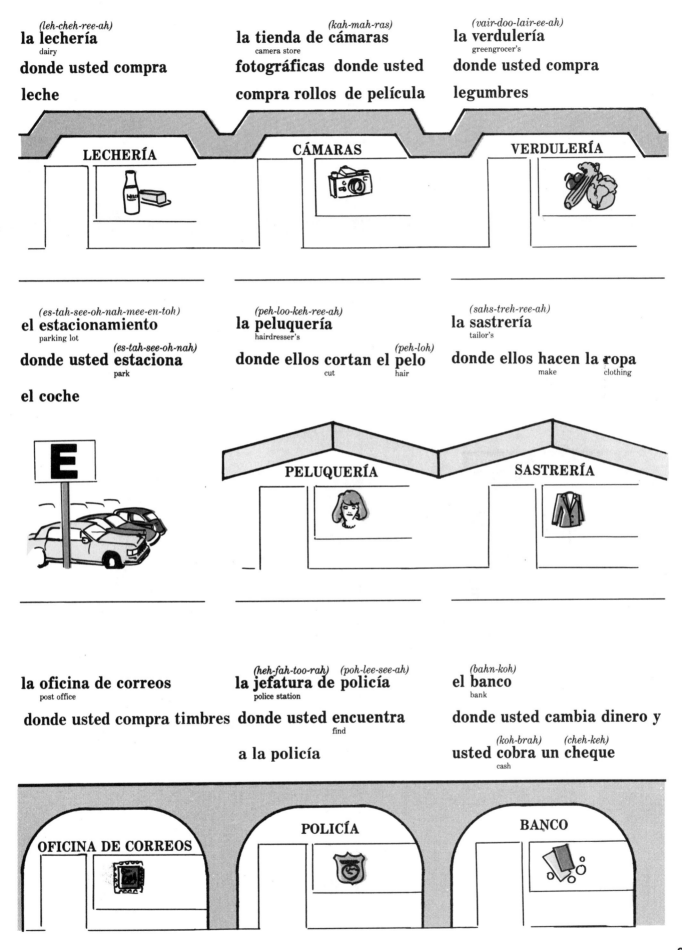

(es-tah-see-oh-nah-mee-en-toh)
el estacionamiento
parking lot
(es-tah-see-oh-nah)
donde usted estaciona el coche
park

(peh-loo-keh-ree-ah)
la peluquería
hairdresser's
(peh-loh)
donde ellos cortan el pelo
cut — hair

(sahs-treh-ree-ah)
la sastrería
tailor's
donde ellos hacen la ropa
make — clothing

PELUQUERÍA

SASTRERÍA

la oficina de correos
post office
donde usted compra timbres

(heh-fah-too-rah) *(poh-lee-see-ah)*
la jefatura de policía
police station
donde usted encuentra a la policía
find

(bahn-koh)
el banco
bank
donde usted cambia dinero y
(koh-brah) *(cheh-keh)*
usted cobra un cheque
cash

la tienda de *(koh-mehs-tee-blehs)* **comestibles** (grocery store)

donde usted compra carne, frutas y leche

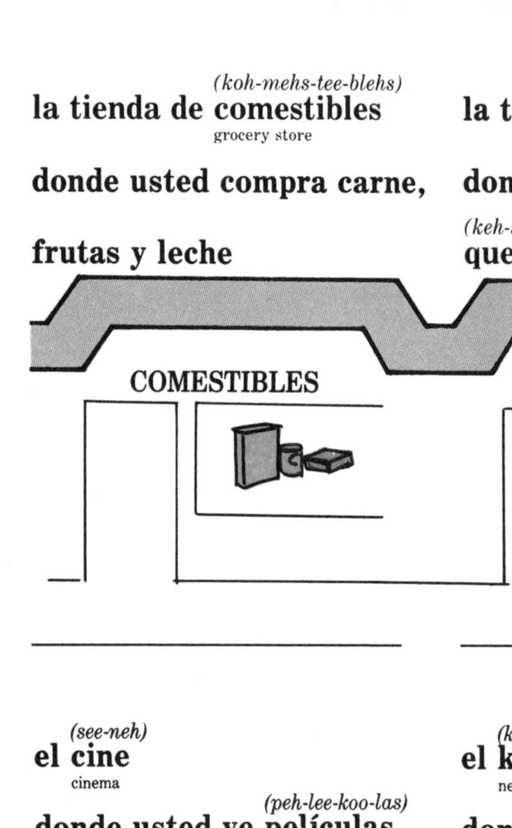

la tienda de *(ool-trah-mah-ree-nos)* **ultramarinos** (delicatessen)

donde usted compra *(keh-soh)* **queso y** *(hah-mohn)* **jamón**

la *(froo-teh-ree-ah)* **frutería** (fruit store)

donde usted compra frutas

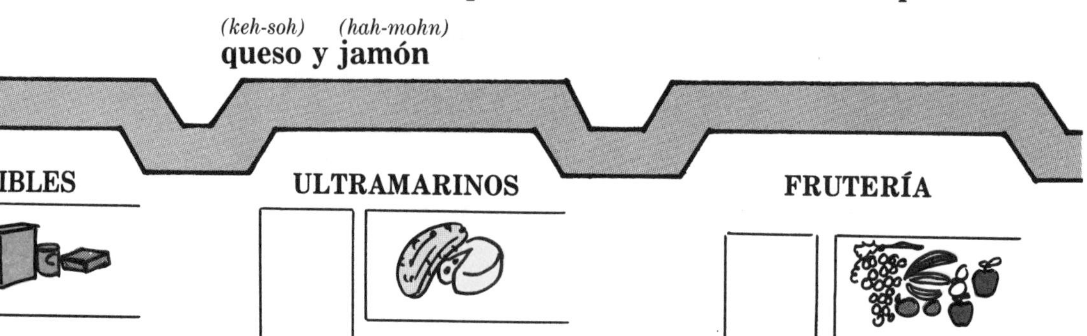

el *(see-neh)* **cine** (cinema)

donde usted ve (see) *(peh-lee-koo-las)* **películas** (films)

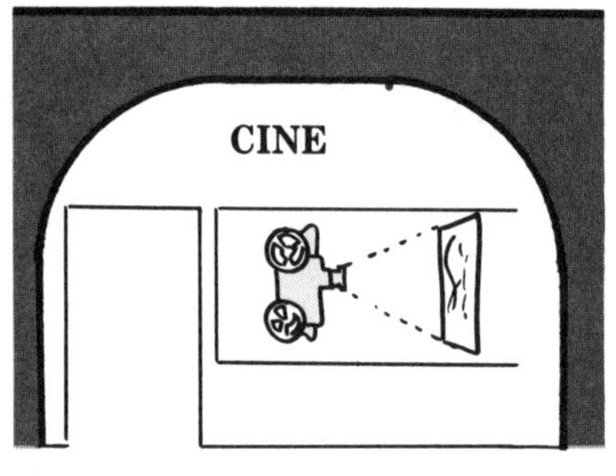

el *(kee-ohs-koh)* **kiosco** (newsstand)

donde usted compra periódicos (newspapers) **y revistas** (magazines)

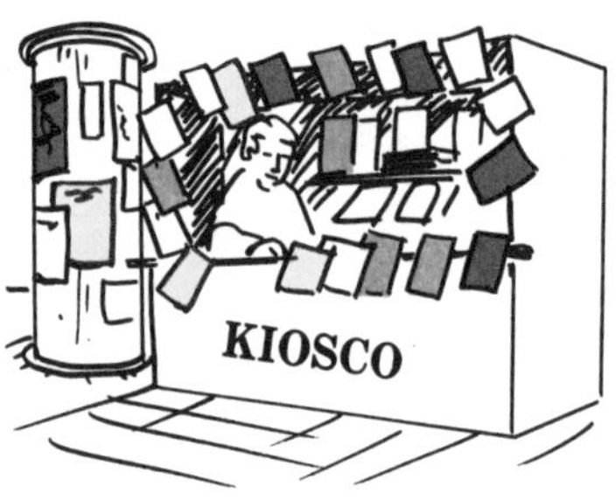

la *(teen-toh-reh-ree-ah)* **tintorería** (dry cleaner's)

donde ellos *(leem-pee-ahn)* **limpian** (clean) **la ropa con productos** *(kee-mee-kos)* **químicos** (chemical)

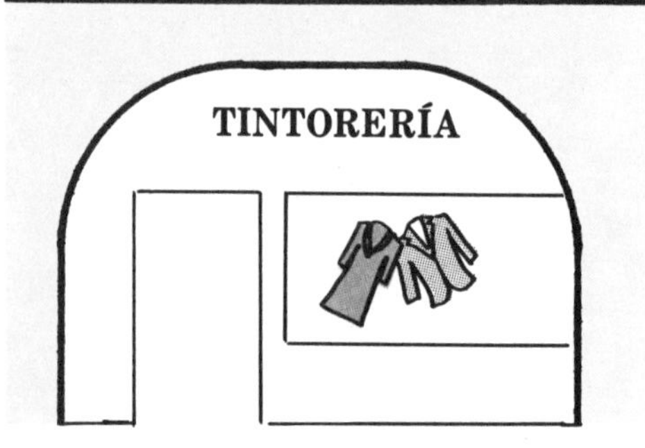

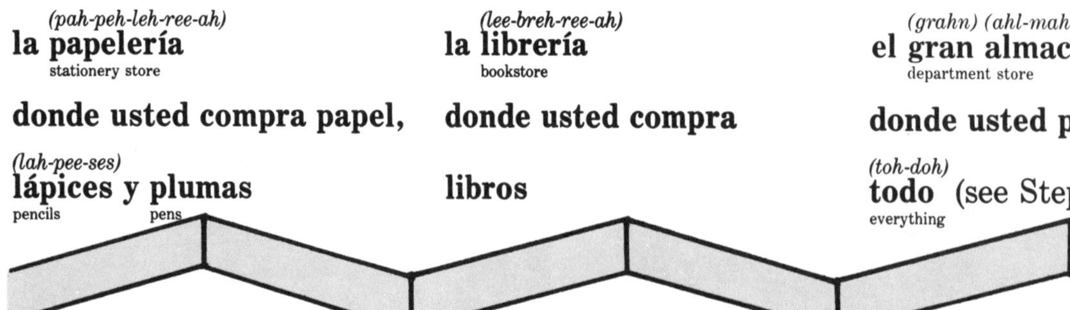

la *(pah-peh-leh-ree-ah)* **papelería** (stationery store)

donde usted compra papel, *(lah-pee-ses)* **lápices** (pencils) **y plumas** (pens)

la *(lee-breh-ree-ah)* **librería** (bookstore)

donde usted compra libros

el *(grahn) (ahl-mah-sehn)* **gran almacén** (department store)

donde usted puede comprar *(toh-doh)* **todo** (everything) (see Step 22)

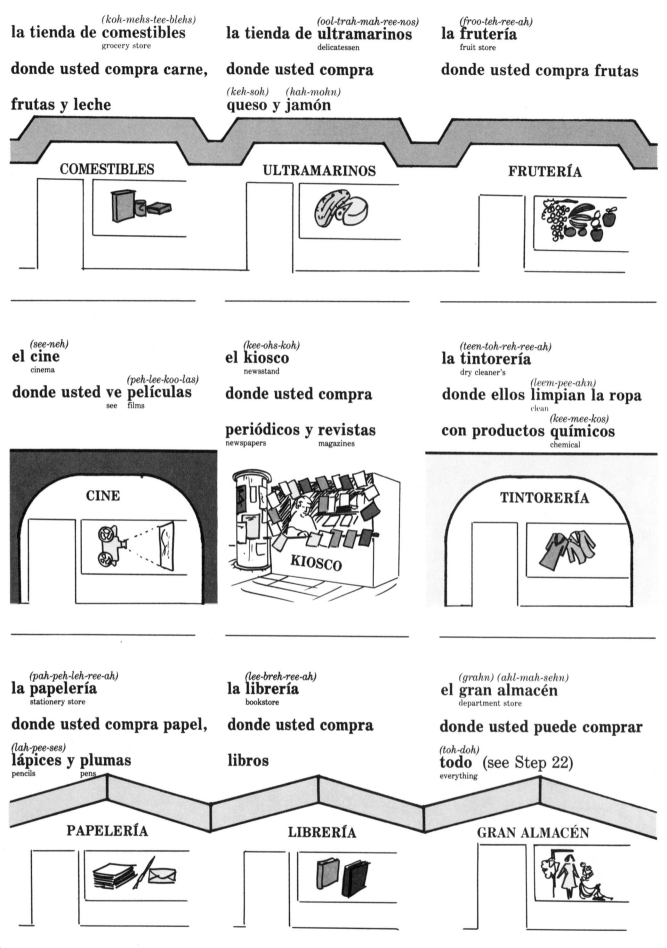

(mair-kah-doh)
el mercado
market
donde usted compra legumbres y frutas

(reh-kwair-dos)
la tienda de recuerdos
souvenir shop
donde usted compra recuerdos

(es-tah-see-ohn) (gahs-oh-lee-nah)
la estación de gasolina
gas station
donde usted compra gasolina

(ah-hen-see-ah)
la agencia de viajes
travel agency
donde usted compra billetes de avión *(ah-vee-ohn)* airplane

(reh-loh-heh-ree-ah)
la relojería
watchmaker's shop
donde usted compra relojes

(pehs-kah-deh-ree-ah)
la pescadería
fish store
donde usted compra pescado fish

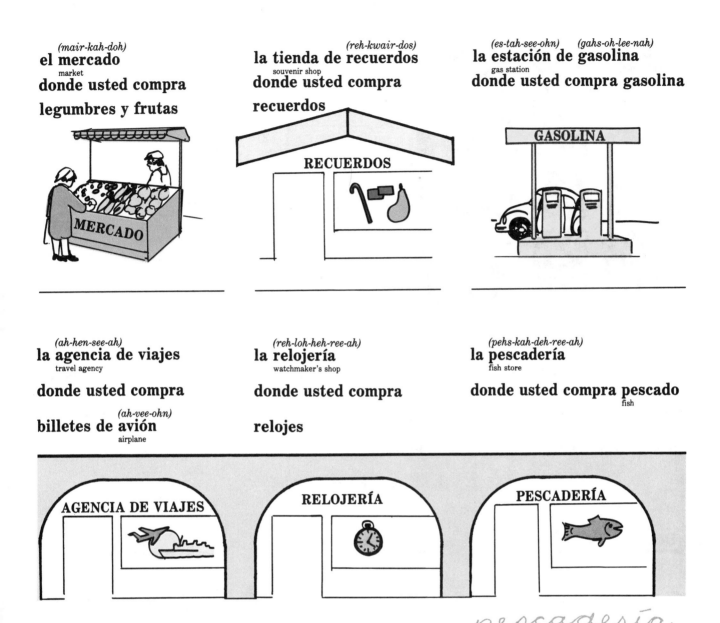

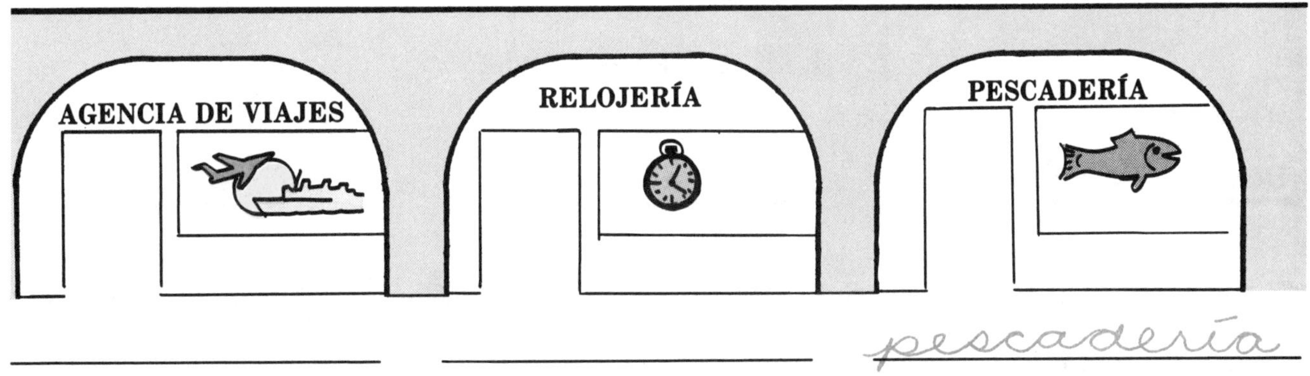

pescadería

¿Cuándo están las tiendas abiertas *(ah-bee-air-tas)* (open)**?** Normally, **las tiendas están abiertas de lunes a** (to) **viernes, de las 8:00 o 8:30 hasta** *(ah-stah)* (until) **las 19:00. Las panaderías** (bakeries) sometimes open earlier, since a lot of people like to buy their breakfast **pan o panecillos** (rolls) fresh. However, most **gente** take an extended lunch break, **o siesta,** lasting **dos o tres horas.** During **la siesta,** only **ciudades grandes o ciudades con** a large **turista** population are likely to offer any shopping **oportunidades,** *(oh-pohr-too-nee-dah-des)* so plan accordingly! **Los sábados, las tiendas están abiertas por** (in) **la mañana,** but not always **por la tarde. ¡Los domingos, las tiendas están cerradas!** *(seh-rrah-das)* (closed) **¿Hay** (is there) anything else which makes **tiendas españolas diferentes** from **tiendas americanas? Sí.** Look at **la pintura en la página siguiente.**

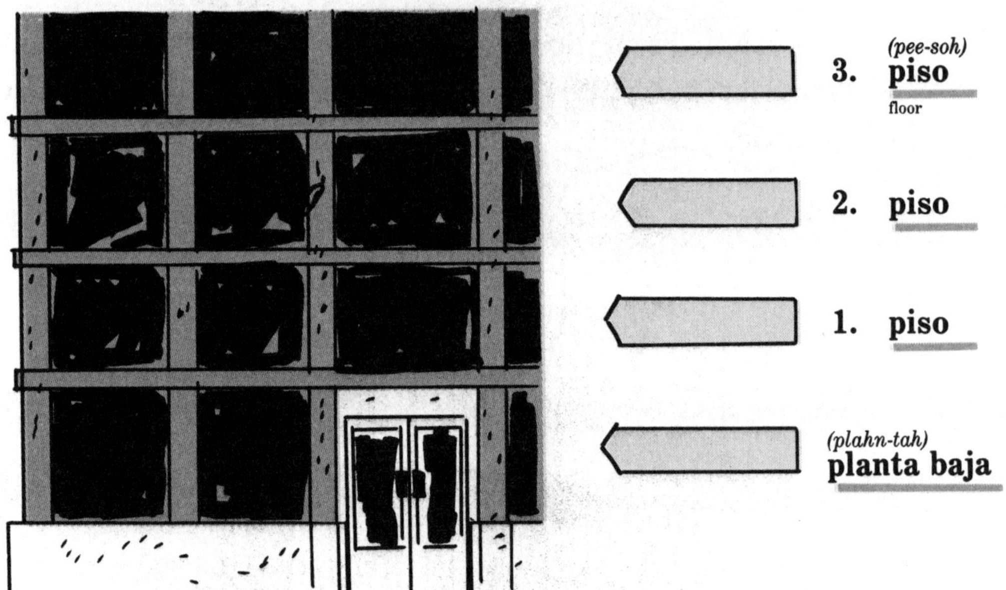

Everywhere but **en los Estados Unidos,** the ground floor is exactly that — **la planta baja.** (planta = floor, baja = ground) The first floor **es** the next floor up **y** so on. Now that **usted** know **los nombres de las tiendas españolas,** let's practice shopping.

I. First step — ¿dónde?

¿Dónde está la lechería? ________ **¿Dónde está el banco?** ________ **¿Dónde está el cine?** ________

Go through **las tiendas** introduced in this Step **y** ask **"dónde" con** each **tienda.** Another way of asking **dónde** is to ask

¿Hay una lechería en la vecindad? (ah-ee = is there; veh-seen-dahd = vicinity) ________

¿Hay un banco en la vecindad? (ah-ee) ________

Go through **las tiendas** again using this new **pregunta.**

II. Next step — tell them que usted are looking for, necesita o quiere!

1) **Yo necesito . . .** ________

2) **¿Tiene usted . . . ?** ¿Tiene usted ________

3) **Yo quiero . . .** ________

Yo necesito un lápiz.

¿Tiene usted un lápiz?

Yo quiero un lápiz.

Yo necesito un litro de leche.

¿Tiene usted un litro de leche?

Yo quiero un litro de leche.

Go through the glossary at the end of this **libro y** select **veinte palabras.** Drill the above patterns **con estas** (these) **veinte palabras.** Don't cheat. Drill them **hoy** (today). **Ahora,** take **veinte palabras más** (more) **del diccionario y** do the same. **Y** don't just drill them **hoy.** Take more **palabras mañana y** drill them also.

III. Next step – find out **cuánto cuesta la cosa.**

1) **¿Cuánto cuesta esto?** ____________________

2) **¿Qué cuesta esto?** ____________________

¿Qué cuesta el lápiz?

¿Cuánto cuesta el lápiz?

¿Qué cuesta el litro de leche?

¿Cuánto cuesta el litro de leche?

Using these same **palabras** that **usted** selected **arriba,** drill **estas preguntas también.**

IV. If **usted no sabe** (know) **donde encontrar** (to find) something, **usted pregunta**

¿Dónde puedo yo comprar aspirina? *(ahs-pee-ree-nah)* (aspirin)

____

¿Dónde puedo yo comprar gafas de sol? (sunglasses)

____

Once **usted encuentra** *(ehn-koo-ehn-trah)* (find) **lo que usted** would like, **usted dice,** **Yo quiero eso, por favor.**

O, if **usted** would not like it, **Yo no quiero eso, gracias.**

Usted está ahora all set to shop for anything!

Step 22

El Gran Almacén

(grahn) (ahl-mah-sehn)

department store

At this point, **usted** should just about be ready for your **viaje a los países donde ellos hablan español. Usted** have gone shopping for those last-minute odds 'n ends. Most likely, the directory at your local **gran almacén** did not look like the one **abajo! Usted sabe muchas palabras** already **y usted** can guess at **muchas** others. **Usted sabe** that **"niño" es la palabra española para** "child," so if **usted necesita** something **para el niño, usted** would probably look on **piso dos o tres, ¿no?**

Piso			
6. PISO	panadería pastelería especialidades de comida alcohol	aves comestibles frutas legumbres	comida congelada vino caza carne
5. PISO	camas edredones	muebles pequeños lámparas	alfombras pinturas
4. PISO	vajillas efectos eléctricos cristal	efectos de domicilio todo para la cocina cerámica	llavería pasatiempos porcelana
3. PISO	libros televisores muebles infantiles cochecillos	juguetes instrumentos de música radios papelería	tabaquería café revistas periódicos discos
2. PISO	todo para el niño ropa de dama	ropa de caballero sombreros de dama	oficina de objetos perdidos servicios al cliente
1. PISO	accesorios para el coche ropa interior de dama pañuelos	todo para el baño zapatos géneros de punto	ropa de cama todo para deportes
PB	fotografía-optica sombreros de caballero paraguas	guantes artículos de piel medias relojes	efectos de caballero perfumería confituras joyería

Let's start a checklist **para su** *(soo)* your **viaje.** Besides **ropa,** *(roh-pah)* clothing **¿qué necesita usted?**

¿Qué lleva *(yeh-vah)* take **usted en su viaje?**

(pah-sah-por-teh)
el pasaporte

(bee-yeh-teh) (ah-vee-ohn)
el billete de avión

(mah-leh-tah)
la maleta

(bol-sah)
la bolsa — la bolsa

(kah-teh-rah)
la cartera

(dee-neh-roh)
el dinero

(kah-mah-rah)
la cámara

(roh-yoh)
el rollo de película

Tome usted (take) the **ocho** labels **siguientes y** label **estas cosas hoy.** Better yet, assemble them **en un rincón** (corner) **de su** (your) **casa.**

¿Viaja usted en el verano (summer) **o en el invierno** (winter)**?** Do not forget…

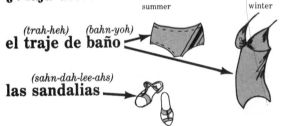

(trah-heh) (bahn-yoh)
el traje de baño

(sahn-dah-lee-ahs)
las sandalias

También do not forget the basic toiletries!

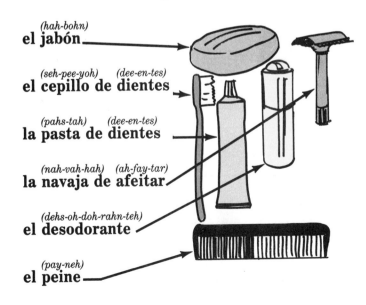

(hah-bohn)
el jabón

(seh-pee-yoh) (dee-en-tes)
el cepillo de dientes

(pahs-tah) (dee-en-tes)
la pasta de dientes

(nah-vah-hah) (ah-fay-tar)
la navaja de afeitar

(dehs-oh-doh-rahn-teh)
el desodorante — el desodorante

(pay-neh)
el peine

For the rest of **las cosas,** let's start **con** the outside layers **y** work our way in.

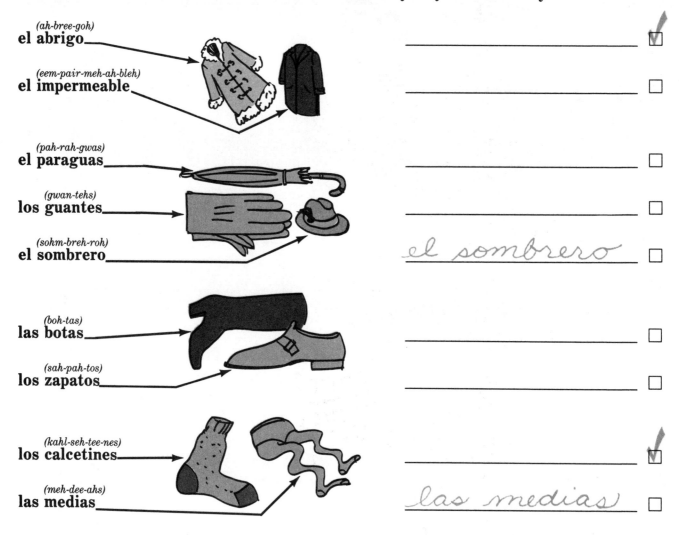

(ah-bree-goh)
el abrigo ☑

(eem-pair-meh-ah-bleh)
el impermeable ☐

(pah-rah-gwas)
el paraguas ☐

(gwan-tehs)
los guantes ☐

(sohm-breh-roh)
el sombrero el sombrero ☐

(boh-tas)
las botas ☐

(sah-pah-tos)
los zapatos ☐

(kahl-seh-tee-nes)
los calcetines ☑

(meh-dee-ahs)
las medias las medias ☐

Tome (take) **usted** the **quince** labels **siguientes y** label **estas cosas.** Check **y** make sure that **ellas están limpias** *(leem-pee-ahs)* (clean) **y** ready **para su viaje.** Be sure to do the same **con** the rest of the **cosas que usted quiere llevar.** Check them off on this **lista** as **usted** organize them. From **ahora** on, **usted tiene "jabón" y no** "soap."

(pee-hah-mas)
los pijamas ☐

(kah-mee-sah)
la camisa de dormir ☐

(bah-tah)
la bata de baño ☐

(sah-pah-tee-yas)
las zapatillas ☐

La bata de baño y las zapatillas pueden también double **para usted** at the **piscina!** *(pee-see-nah)* (swimming pool)

Tome usted the **dieciocho** labels **siguientes y** label **estas cosas.**

Having assembled **estas cosas, usted está** ready **para su viaje. Usted sabe todo lo que usted necesita.** Step 23 on the next page will give you a quick look at some of the international road signs that you may see while you are traveling. Following the road signs is a Spanish-English and English-Spanish glossary. Refer to the glossary when you need help with any unfamiliar words. Then **usted** are off to the **aeropuerto. ¡Buen viaje!**

Step 23

= **Dangerous Intersection**

Aquí están some of the most important **señales** *(sehn-yah-les)* street signs **públicas.** *(poo-blee-kas)* **¡Cuidado!** *(kwee-dah-doh)* watch out **¡Buen viaje!**

Danger

Dangerous curve

Dangerous intersection

Closed to all vehicles

Speed limit

End of speed limit

No entry

Stop

Main road ahead, yield the right of way

You have the right of way

No parking or waiting

One-way street

Dead-end street

Detour

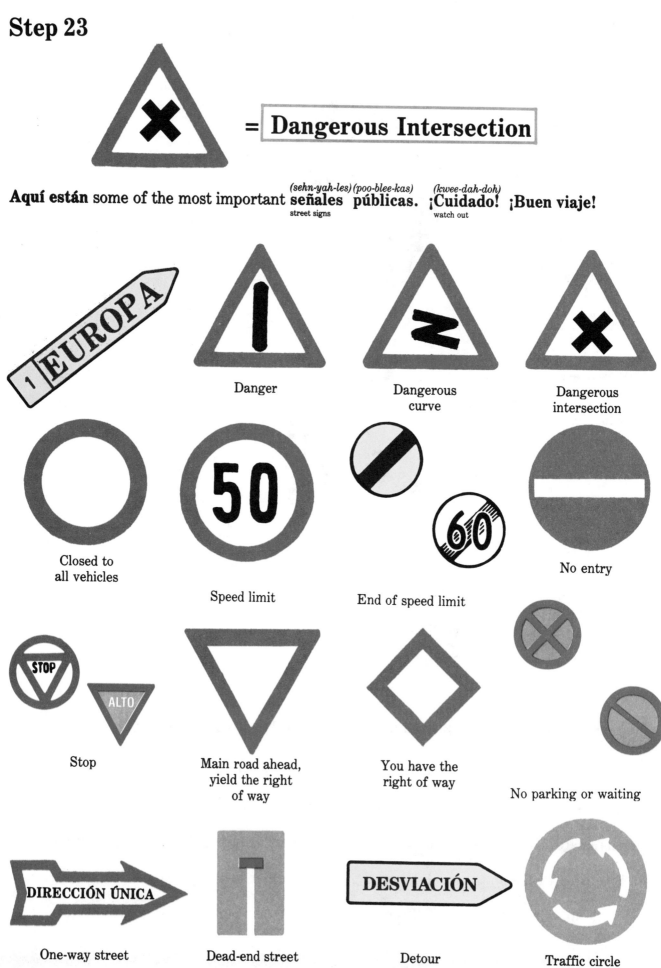

Traffic circle

GLOSSARY

Spanish-English

A

a ... to, at
abajo ... down, below
abierto (a) ... opened
abre ... you open
abrigo, el ... overcoat
abril, el ... April
abrir ... to open
absoluto (a) ... absolute
abuela, la ... grandmother
abuelo, el ... grandfather
abuelos, los ... grandparents
accidente, el ... accident
aceite, el ... oil
activo (a) ... active
acto, el ... act
adentro ... inside
adición, la (las adiciones) ... addition
adiós ... good-bye
aéreo (a) ... air, aerial
aeropuerto, el ... airport
afeitar ... to shave
agencia, la ... agency
agencia de viajes, la ... travel agency
agosto, el ... August
agua, el ... water
ahora ... now
ajuste, el ... fit, fitting
a la parrilla ... grilled
a la Romana ... in batter
alemán, alemana ... German
alfabeto, el ... alphabet
alfombra, la ... carpet
al horno ... baked
al lado de ... next to
allí ... there
almohada, la ... pillow
almuerzo, el ... lunch
alto (a) ... high
altura, la ... height
amarillo (a) ... yellow
América, la ... America
americano (a) ... American
amigo, el ... friend
andar ... to walk, to go
andén, el ... railway platform
año, el ... year
aparcamiento, el* ... parking (lot)
aprender ... to learn
aproximadamente ... approximately
aquí ... here
árbol, el ... tree
armario, el ... cupboard
arriba ... up, above
arte, el ... art
asado (a) ... roasted
ascensor, el ... elevator
asiento, el ... seat
aspirina, la ... aspirin
aterrizar ... to land
aún ... still, yet
auricular, el ... receiver
autobús, el ... bus
automóvil, el ... automobile
ave, el ... bird, fowl
aves, las ... poultry
avión, el ... airplane
ayer ... yesterday
azul ... blue

B

baile, el ... dance
bajar ... to get out, to disembark
bajo (a) ... low, short
bañar ... to bathe
banco, el ... bank
baño, el ... bath, bathroom
barato (a) ... inexpensive
barco, el ... boat
bata de baño, la ... bathrobe
beber ... to drink
bebida, la ... beverage
bicicleta, la ... bicycle
bien ... well
biftec, el ... beefsteak
billete, el ... ticket, banknote
blanco (a) ... white
blusa, la ... blouse
bocadillo, el ... sandwich,* snack
bolsa, la ... purse
bombones, los ... candy
bota, la ... boot
bravo (a) ... brave
buenas noches ... good night
buenas tardes ... good afternoon
buena suerte ... good luck
buen día ... good day, good-bye
bueno (a) ... good
buenos días ... good day, good morning
buen provecho ... good appetite
buzón, el ... mailbox

C

caballero, el ... gentleman
cabina de teléfono, la .. telephone booth
cada ... each, every
café, el ... coffee, coffeehouse
calcetín, el (los calcetines) ... sock
calendario, el ... calendar
caliente ... hot
calle, la ... street
calor, el ... heat
calzoncillos, los ... underpants
cama, la ... bed
cámara fotográfica, la ... camera
camarera, la ... waitress
camarero, el ... waiter
cambiar ... to change, to exchange
cambio, el ... change
camisa, la ... shirt
camisa de dormir, la ... nightshirt
camiseta, la ... undershirt
campo, el ... country, field
cantina, la ... bar
carne, la ... meat
carnicería, la ... butcher shop
caro (a) ... expensive
carta, la ... menu, letter
cartera, la ... wallet
casa, la ... house
castillo, el ... castle
catedral, la ... cathedral
categoría, la ... category
católico (a) ... Catholic
catorce ... fourteen
caza, la ... game
cena, la ... supper, evening meal
centavo, el ... cent
centígrado (a) ... Centigrade
centro, el ... center, middle
Centroamérica, la ... Central America
cepillo, el ... brush
cepillo de dientes, el ... toothbrush
cerdo, el ... hog
cero ... zero
cerrado (a) ... closed
cerveza, la ... beer
cesto, el ... basket
cesto para papeles, el ... wastebasket
chaqueta, la ... jacket
cheque, el ... check
chocolate, el ... chocolate, cocoa
chuleta, la ... chop, cutlet
cien, ciento ... hundred
cigarillo, el ... cigarette
cinco ... five
cincuenta ... fifty
cine, el ... cinema
ciudad, la ... city
clase, la ... class
cobra ... cashes
cobrador, el ... conductor (bus)
coche, el ... car
coche-cama, el ... sleeping car
coche-comedor, el ... dining car
cocido (a) ... cooked
cocina, la ... kitchen
colgar ... to hang up
color, el (los colores) ... color
combinación, la ... combination, slip
comedor, el ... dining room
comenzar ... to begin
comida, la ... meal, dinner
como ... as, like
¿cómo? ... how?
compartimiento, el ... compartment
completar ... to complete
complicado (a) ... complicated
comprar ... to buy
común ... common
con ... with
concierto, el ... concert
condición, la ... condition
conductor, el ... driver
confitería, la ... candy store
conversación, la ... conversation
copa, la ... bowl, goblet
corbata, la ... necktie
cordero, el ... lamb
correcto (a) ... correct
correo, el ... mail
correo aéreo, el ... air mail
cortina, la ... curtain
corto (a) ... short
cosa, la ... thing
costar ... to cost
costumbre, la ... custom
cuál, cuáles ... which
cuando ... when
¿cuándo? ... when?
¿cuánto (a)? ... how much?
¿cuántos (as)? ... how many?
cuarenta ... forty
cuarto ... quarter
cuarto, el ... room
cuarto de baño, el ... bathroom
cuatro ... four
cubierto, el ... special meal of the day
cuchara, la ... spoon
cuchillo, el ... knife
cuenta, la ... bill
cuerno, el ... croissant
cuesta ... costs
¡Cuidado! ... Watch out!

D

dama, la ... lady
de ... of, from

* Word used in Spain

debajo .... under, below
decir .... to say
delante de .... in front of
del este .... eastern
delgado (a) .... thin
del norte .... northern
del oeste .... western
del país .... local, domestic
del sur .... southern
derecha .... right
derecho .... straight ahead
desayuno, el .... breakfast
descolgar .... to pick up
desodorante, el .... deodorant
despacio .... slowly
despertador, el .... alarm clock
detrás de .... behind
día, el .... day
diccionario, el .... dictionary
dice/decir .... says/to say
diciembre, el .... December
diecinueve .... nineteen
dieciocho .... eighteen
dieciséis .... sixteen
diecisiete .... seventeen
diente, el .... tooth
diez .... ten
diferencia, la .... difference
diferente .... different
difícil .... difficult
digo/decir .... I say/to say
dinero, el .... money
dirección, la .... direction
distancia, la .... distance
doblar .... to double, to turn
doblar la esquina .... to turn the corner
doce .... twelve
dólar, el .... dollar
doméstico (a) .... domestic
domingo, el .... Sunday
donde .... where
¿dónde? .... where?
dormir .... to sleep
dormitorio, el .... bedroom
dos .... two
droguería, la .... drugstore
ducha, la .... shower
durar .... to last

E

echar .... to throw
ejemplo, el .... example
el .... the
él .... he, it
elefante, el .... elephant
ella .... she, it
ellas, ellos .... they
en .... into, in, on
encontrar .... to find
encuentro/encontrar ...... I find/to find
enero, el .... January
enfermo (a) .... sick
entender .... to understand
entrada, la .... entrance
entrar .... to enter
entre .... between
entremeses, los .... hors d'oeuvres
era/ser .... was/to be
es/ser .... is/to be
escalera, la .... staircase
escalera mecánica, la .... escalator
escribir .... to write
escritorio, el .... desk
escuela, la .... school
ese (a) (o) .... that
España, la .... Spain
español (a) .... Spanish
especialidad, la (las especialidades)
.... specialty
espejo, el .... mirror
espera .... waiting
esquina, la .... (outside) corner
estación, la .... station
estacionamiento, el .... parking (lot)
estación de gasolina, la .... gas station
estación de tren, la .... train station
estación terminal, la .... terminal
Estados Unidos (de América), los
.... United States
estar .... to be
estar sentado .... to be seated
este, el .... east
este (a)/éste (a) .... this, this one
estoy/estar .... I am/to be
Europa, la .... Europe
europeo (a) .... European
exacto (a) .... exact
excelente .... excellent
excusado, el .... toilet
expreso (a) .... express
extranjero (a) .... foreign

F

fácil .... easy, simple
falda, la .... skirt
familia, la .... family
farmacia, la .... pharmacy
febrero, el .... February
flan, el .... caramel custard
flor, la (las flores) .... flower
florería, la .... flower shop
floresta, la .... woods
fonda, la .... inn
francés, francesa .... French
frase, la .... phrase, sentence
fresco (a) .... fresh
frío (a) .... cold
frito (a) .... fried
fruta, la .... fruit
frutería, la .... fruit store
fuerte .... loud, strong
fumar .... to smoke
fútbol, el .... soccer

G

gafas, las .... eyeglasses
gafas de sol, las .... sunglasses
garaje, el .... garage
gasolina, la .... gasoline
gato, el .... cat
genealógico (a) .... genealogical
gente, la .... people
golfo, el .... gulf
gracias .... thanks
grado, el .... degree
gran almacén, el ..... department store
grande .... big
gris .... gray
grueso (a) .... thick
guantes, los .... gloves
guía, la .... directory, guide
gustar .... to please

H

hablar .... to speak
hacer .... to make, to do
hacienda, la .... ranch
hambre, la .... hunger
hasta .... until
hay .... there is
helado, el .... ice cream
hermana, la .... sister
hermano, el .... brother
hiela .... freezes
hierba, la .... grass
hierve .... boils
hija, la .... daughter
hijo, el .... son
hoja, la .... sheet
hombre, el .... man
hora, la .... hour
horario, el .... timetable
horno, el .... oven
hotel, el (los hoteles) .... hotel
hotelero, el .... hotelier
hoy .... today
huevo, el .... egg

I

ida/ir .... going; one way/to go
ida y vuelta, la .... round trip
idea, la .... idea
iglesia, la .... church
impermeable, el .... raincoat
importante .... important
incendio, el .... fire
incluido (a) .... included
información, la .... information
Inglaterra, la .... England
inglés, inglesa .... English
instrucción, la (las instrucciones)
.... instruction
interesante .... interesting
invierno, el .... winter
isla, la .... island
Italia, la .... Italy
italiano (a) .... Italian
izquierda .... left

J

jabón, el .... soap
jamón, el .... ham
japonés, japonesa .... Japanese
jardín, el .... garden
jardín zoológico, el .... zoo
jefatura de policía, la .... police station
joven .... young
judío (a) .... Jewish
jueves, el .... Thursday
jugo, el .... juice
julio, el .... July
junio, el .... June

K

kilo, el .... kilo
kilómetro, el .... kilometer
kiosco, el .... newsstand

L

la .... the
lado, el .... side
lámpara, la .... lamp
lápiz, el (los lápices) .... pencil
largo (a) .... long
las .... the
lavabo, el .... washstand
lavadero, el .... laundry
lavar .... to wash
leche, la .... milk
lechería, la .... dairy
legumbre, la .... vegetable
librería, la .... bookstore
libro, el .... book
limonada, la .... lemonade
limpiar .... to clean
línea, la .... line
lista, la .... list
litro, el .... liter
llamada, la .... call
llamada de larga distancia, la
.... long-distance telephone call
llamada local, la .... local telephone call
llamar .... to call

* Word used in Spain

llegada, la .... arrival
llegar .... to arrive
lleno (a) .... full
llueve .... it is raining
local .... local
los .... the
lo siento .... I am sorry
luego .... later, then
lunes, el .... Monday
luz, la (las luces) .... light

M

madre, la .... mother
mal .... badly
maleta, la .... suitcase
malo (a) .... bad
mañana, la .... morning, tomorrow
mandar .... to send
mano, la .... hand
manta, la .... blanket
mantequilla, la .... butter
manzana, la .... apple
mar, el .... sea
marcar .... to dial
martes, el .... Tuesday
marzo, el .... March
más .... more
más tarde .... later
mayo, el .... May
mayor .... major, main
medias, las .... stockings
médico, el .... doctor
medio (a) .... half
mejicano (a)* .... Mexican
Méjico, el* .... Mexico
mejor .... better
menos .... minus
menos cuarto .... quarter to
mercado, el .... market
mermelada, la .... jam
mes, el (los meses) .... month
mesa, la .... table
metro, el .... meter
mexicano (a) .... Mexican
México, el .... Mexico
mi .... my
miércoles, el .... Wednesday
mil .... thousand
mínimo, el .... minimum
minuto, el .... minute
mixto (a) .... mixed
modo, el .... way, mode
moneda, la .... money
montaña, la .... mountain
monte, el .... mountain
mostrar .... to show
muchas gracias .... many thanks
mucho (a) .... much, a lot
mujer, la (las mujeres) .... woman
multicolor .... multi-colored
museo, el .... museum
muy .... very

N

naranja, la .... orange
naranjada, la .... orangeade
natural .... natural
naturalmente .... naturally
navaja de afeitar, la .... razor
necesitar .... to need
negro (a) .... black
niebla, la .... fog
nieva .... it is snowing
niña, la .... girl
niño, el .... boy
niños, los .... children
noche, la .... night
nombre, el .... name
normal .... normal
norte, el .... north
Norteamérica, la .... North America
nosotros (as) .... we
nota, la .... note
noventa .... ninety
noviembre, el .... November
nueve .... nine
nuevo (a) .... new
número, el .... number

O

o .... or
objeto, el .... object
océano, el .... ocean
ochenta .... eighty
ocho .... eight
octubre, el .... October
ocupado (a) .... occupied, busy
oeste, el .... west
oficina, la .... office
oficina de cambio, la
.... money-exchange office
oficina de correos, la .... post office
oficina de objetos perdidos, la
.... lost-and-found office
once .... eleven
oportunidad, la .... opportunity
otoño, el .... autumn
otro (a) .... another, other

P

padre, el .... father
padres, los .... parents
pagar .... to pay
página, la .... page
país, el (los países) .... country
palabra, la .... word
pan, el .... bread
panadería, la .... bakery
panecillo, el .... roll
paño, el .... cloth
paño de manos, el* .... hand towel
pantalones, los .... trousers
pañuelo, el .... handkerchief
papel, el (los papeles) .... paper
papelería, la .... stationery store
paquete, el .... package
para .... for
parada, la .... stop
parador, el .... inn
parientes, los .... relatives
parque, el .... park
parrilla, la .... grill
partida, la .... departure
partir .... to depart
pasaporte, el .... passport
pasar .... to happen
paso, el .... step, passage
pasta, la .... paste, pasta
pasta de dientes, la .... toothpaste
pastel, el (los pasteles) .... pastry
pedazo, el .... piece
pedir .... to order, to request
peine, el .... comb
película, la .... film
pelo, el .... hair
peluquería, la .... hairdresser's
pensión, la .... boarding house
pequeño (a) .... little, small
perder .... to lose
perdido (a) .... lost
perdóneme .... pardon me
periódico, el .... newspaper
pero .... but
perro, el .... dog
persona, la .... person
pescado, el .... fish
peseta, la* .... unit of Spanish currency
peso, el .... unit of Mexican currency
pierdo/perder .... I lose/to lose
pijama, el .... pajamas
pimienta, la .... pepper
pintura, la .... picture
piscina, la .... swimming pool
piso, el .... floor
piso bajo, el* .... ground floor
placer, el .... pleasure
planta baja, la .... ground floor
plátano, el .... banana
plato, el .... plate, dish
plaza, la .... plaza
plaza de toros, la .... bullring
pluma, la .... pen
pobre .... poor
poco (a) .... little, few
poder .... to be able to
policía, la .... police, policeman
polo, el .... pole
por .... by, for, in
por favor .... please
¿por qué? .... why?
posibilidad, la .... possibility
postre, el .... dessert
practicar .... to practice
precio, el .... price
preciso (a) .... precise
prefijo, el .... prefix
pregunta, la .... question
preguntar .... to ask
primavera, la .... spring
primero (a) .... first
primera clase, la .... first class
principal .... principal, main
problema, el .... problem
producto, el .... product
prohibido (a) .... prohibited
propina, la .... tip
protestante .... Protestant
público (a) .... public
puedo/poder .... I can/to be able to
puerta, la .... door
púrpura .... purple

Q

¿qué? .... what?
quedar .... to stay/to remain
¿Qué pasa? .... What's happening?
querer .... to like, to want
¿quién? .... who?
quiero/querer
.... I like, I want/to like, to want
químico (a) .... chemical
quince .... fifteen
quinientos (as) .... five hundred
quinto (a) .... fifth

R

rápido (a) .... rapid
recibo, el .... receipt
recuerdo, el .... souvenir
refrigerador, el .... refrigerator
región, la .... region
religión, la (las religiones) ..... religion
relleno (a) .... stuffed
reloj, el (los relojes) ...... watch, clock
relojería, la .... watchmaker's shop
repetir .... to repeat
repito/repetir .... I repeat/to repeat
reservación, la (las reservaciones)
.... reservation
respuesta, la .... answer
restaurante, el .... restaurant
revista, la .... magazine
rico (a) .... rich

* Word used in Spain

rincón, el .... (inside) corner
río, el .... river
rojo .... red
rollo de película, el .... roll of film
ropa, la .... clothes
ropa interior, la .... underclothing
ropero, el .... clothes closet
rosa, la .... rose
rosado (a) .... pink
rosbif, el .... roast beef
ruso (a) .... Russian

S

sábado, el .... Saturday
saber .... to know
sal, la .... salt
sala, la .... living room
sala de espera, la .... waiting room
salida, la .... departure, exit
salida de urgencia, la .. emergency exit
salir .... to leave
sandalias, las .... sandals
sandwich, el .... sandwich
sano (a) .... healthy
sastre, el .... tailor
se .... himself, herself
segunda clase, la .... second class
segundo (a) .... second
segundo, el .... second
seis .... six
sello, el* .... stamp
semana, la .... week
señal pública, la .... street sign
Señor, el .... Mr.
Señora, la .... Mrs.
Señorita, la .... Miss
septiembre, el .... September
ser .... to be
servicios, los .... restrooms
servilleta, la .... napkin
sesenta .... sixty
setenta .... seventy
sí .... yes
siesta, la .... afternoon nap
siete .... seven
siguiente .... following
silla, la .... chair
sin .... without
sobre .... on top of, above, on, about
sofá, el .... sofa
sol, el .... sun
solamente .... only
sombrero, el .... hat
son/ser .... they are/to be
sopa, la .... soup
sostén, el .... brassiere
sótano, el .... basement
soy/ser .... I am/to be
su .... your, his, her, its, their
suave .... soft
subir .... to climb into, to board
Sudáfrica, la .... South Africa
Sudamérica, la .... South America
suerte, la .... luck
suéter, el .... sweater
sur, el .... south

T

tabaco, el .... tobacco
tabaquería, la .... tobacco store
talla, la .... size
también .... also
tan .... so
tapa, la* .... snack
tarde .... late
tarde, la .... afternoon, evening
tarjeta postal, la .... postcard
taverna, la .... bar
taxi, el .... taxi
taza, la .... cup
té, el .... tea
teatro, el .... theater
techo, el .... ceiling
teléfono, el .... telephone
teléfono público, el .... public telephone
telegrama, el .... telegram
televisor, el .... television
temperatura, la .... temperature
tenedor, el .... fork
tener .... to have
tengo/tener .... I have/to have
terminal .... terminal
termómetro, el .... thermometer
ternera, la .... calf, veal
tía, la .... aunt
tiempo, el .... time, weather
tienda, la .... store, shop
tienda de cámaras fotográficas, la .... camera store
tienda de comestibles, la .. grocery store
tienda de recuerdos, la ... souvenir shop
tienda de ultramarinos, la . delicatessen
tiene/tener .... has/to have
timbre, el .... stamp, doorbell
tintorería, la .... dry cleaner's
tío, el .... uncle
típico (a) .... typical
toalla, la .... towel
toalla de mano, la .... hand towel
todo (a) .... all, everything
tomar .... to take
tomate, el .... tomato
toro, el .... bull
toronja, la .... grapefruit
total .... total
traje, el .... suit
traje de baño, el .... swimsuit
tranvía, el .... streetcar
trece .... thirteen
treinta .... thirty
tren, el (los trenes) .... train
tres .... three
turismo, el .... tourism
turista, el/la .... tourist

U

un (a) .... a
universidad, la .... university
uno (a) .... one
unos (as) .... some
urgencia, la .... urgency
usted .... you
usual .... usual

V

va/ir .... goes/to go
vaca, la .... cow
variedad, la .... variety
varios (as) .... various
vaso, el .... glass
vecindad, la .... vicinity
veinte .... twenty
vender .... to sell
vengo/venir .... I come/to come
ventana, la .... window
ventanilla, la ... ticket counter, window
ver .... to see
verano, el .... summer
verbo, el .... verb
verde .... green
verdulería, la .... vegetable store
vestido, el .... dress
vez, la (las veces) .... time, occasion
vía, la .... railway track
viajar .... to travel
viaje, el .... trip
viajero, el .... traveler
viejo (a) .... old
viene/venir .... comes/to come
viento, el .... wind
vino, el .... wine
violeta, la .... violet
vivir .... to live
volar .... to fly
voz, la .... voice
vuelta/volver .... returning/to return

Y

y .... and
y cuarto .... quarter after
yo I

Z

zapatilla, la .... slipper
zapato, el .... shoe
zona, la .... zone
zoológico (a) .... zoological
zumo, el .... juice

* Word used in Spain

GLOSSARY

English-Spanish

A

a .... un (a)
able (inf.) .... poder
about .... sobre
above .... arriba, sobre
absolute .... absoluto (a)
accident .... el accidente
act .... el acto
active .... activo (a)
addition .... la adición
afternoon .... la tarde
afternoon nap .... la siesta
agency .... la agencia
travel agency .... la agencia de viajes
air .... aéreo (a)
air mail .... el correo aéreo
airplane .... el avión
airport .... el aeropuerto
alarm clock .... el despertador
all .... todo (a)
a lot .... mucho
alphabet .... el alfabeto
also .... también
America .... la América
American .... americano (a)
and .... y
another .... otro (a)
answer .... la respuesta
apple .... la manzana
approximately .... aproximadamente
April .... el abril
arrival .... la llegada
arrive (inf.) .... llegar
art .... el arte
as .... como
ask (inf.) .... preguntar
aspirin .... la aspirina
at .... a
August .... el agosto
aunt .... la tía
autumn .... el otoño

B

bad .... malo (a)
badly .... mal
baked .... al horno
bakery .... la panadería
banana .... el plátano
bank .... el banco
banknote .... el billete
bar .... la cantina, la taverna
basement .... el sótano
basket .... el cesto
bath .... el baño
bathe (inf.) .... bañar
bathrobe .... la bata de baño
bathroom .... el baño, el cuarto de baño
be (inf.) .... estar, ser
bed .... la cama
bedroom .... el dormitorio
beefsteak .... el biftec
beer .... la cerveza
begin (inf.) .... comenzar
behind .... detrás de
below .... abajo, debajo
better .... mejor
between .... entre
beverage .... la bebida
bicycle .... la bicicleta
big .... grande
bill .... la cuenta
bird .... el ave
black .... negro (a)
blanket .... la manta
blouse .... la blusa
blue .... azul
board (inf.) .... subir
boarding house .... la pensión
boat .... el barco
boils .... hierve
book .... el libro
bookstore .... la librería
boot .... la bota
bowl .... la copa
boy .... el niño
brassiere .... el sostén
brave .... bravo (a)
bread .... el pan
breakfast .... el desayuno
brother .... el hermano
brush .... el cepillo
bull .... el toro
bullring .... la plaza de toros
bus .... el autobús
busy .... ocupado (a)
but .... pero
butcher shop .... la carnicería
butter .... la mantequilla
buy (inf.) .... comprar
by .... por

C

calendar .... el calendario
calf .... la ternera
call (inf.) .... llamar
call .... la llamada
local call .... la llamada local
long-distance call
.... la llamada de larga distancia
camera .... la cámara fotográfica
camera store
.... la tienda de cámaras fotográficas
candy .... los bombones, los dulces
candy store .... la confitería
car ...... el automóvil, el coche, el carro
dining car .... el coche-comedor
sleeping car .... el coche-cama
caramel custard .... el flan
carpet .... la alfombra
castle .... el castillo
cat .... el gato
category .... la categoría
cathedral .... la catedral
Catholic .... católico (a)
ceiling .... el techo
cent .... el centavo
center .... el centro
Centigrade .... centígrado (a)
Central America ..... la Centroamérica
chair .... la silla
change .... el cambio
change (inf.) .... cambiar
check .... el cheque
chemical .... químico (a)
child .... el niño, la niña
children .... los niños
chocolate .... el chocolate
church .... la iglesia
cigarette .... el cigarillo
cinema .... el cine
city .... la ciudad
class .... la clase
clean (inf.) .... limpiar
climb into (inf.) .... subir
clock .... el reloj
closed .... cerrado (a)
closet .... el ropero
cloth .... el paño
clothes .... la ropa
cocoa .... el cacao, el chocolate
coffee, coffeehouse .... el café
cold .... frío (a)
color .... el color
comb .... el peine
combination .... la combinación
come (inf.) .... venir
common .... común
compartment .... el compartimiento
complete (inf.) .... completar
complicated .... complicado (a)
concert .... el concierto
condition .... la condición
conductor (bus) .... el cobrador
conversation .... la conversación
cooked .... cocido (a)
corner
.... la esquina (outside), el rincón (inside)
correct .... correcto (a)
cost (inf.) .... costar
country .... el país
country, field .... el campo
cow .... la vaca
croissant .... el cuerno, el curasán
cup .... la taza
cupboard .... el armario
currency unit (Mexican) .... el peso
currency unit (Spanish) ..... la peseta*
curtain .... la cortina
custom .... la costumbre
cutlet .... la chuleta

D

dairy .... la lechería
dance .... el baile
daughter .... la hija
day .... el día
December .... el diciembre
degree .... el grado
delicatessen ... la tienda de ultramarinos
deodorant .... el desodorante
depart (inf.) .... partir
department store ...... el gran almacén
departure .... la partida, la salida
desk .... el escritorio
dessert .... el postre
dial (inf.) .... marcar
dictionary .... el diccionario
difference .... la diferencia
different .... diferente
difficult .... difícil
dining room .... el comedor
dinner .... la comida
direction .... la dirección
directory .... la guía
disembark (inf.) .... bajar
dish .... el plato
distance .... la distancia
do (inf.) .... hacer
doctor .... el médico
dog .... el perro
dollar .... el dólar
domestic .... doméstico (a), del país
door .... la puerta
doorbell .... el timbre
double (inf.) .... doblar
down .... abajo
dress .... el vestido
drink (inf.) .... beber
driver .... el conductor
drugstore .... la droguería
dry cleaner's .... la tintorería

E

each .... cada
east .... el este

* Word used in Spain

eastern .... del este
easy .... fácil
egg .... el huevo
eight .... ocho
eighteen .... dieciocho
eighty .... ochenta
elephant .... el elefante
elevator .... el ascensor
eleven .... once
England .... la Inglaterra
English .... inglés, inglesa
enter (inf.) .... entrar
entrance .... la entrada
escalator .... la escalera mecánica
Europe .... la Europa
European .... europeo (a)
evening .... la tarde
every .... cada
everything .... todo
exact .... exacto (a)
example .... el ejemplo
excellent .... excelente
exchange (inf.) .... cambiar
exit .... la salida
emergency exit .. la salida de urgencia, la salida de emergencia
expensive .... caro (a)
express .... expreso (a)
eyeglasses .... las gafas

F

family .... la familia
father .... el padre
February .... el febrero
few .... pocos (as)
field .... el campo
fifteen .... quince
fifth .... quinto (a)
fifty .... cincuenta
film .... la película
find (inf.) .... encontrar
fire .... el incendio
first .... primero (a)
first class .... la primera clase
fish .... el pescado
fit, fitting .... el ajuste
five .... cinco
five hundred .... quinientos (as)
floor .... el piso
flower .... la flor
flower shop .... la florería
fly (inf.) .... volar
fog .... la niebla
following .... siguiente
for .... para, por
foreign .... extranjero (a)
fork .... el tenedor
forty .... cuarenta
four .... cuatro
fourteen .... catorce
fowl .... el ave
freezes .... hiela
French .... francés, francesa
fresh .... fresco (a)
fried .... frito (a)
friend .... el amigo
from .... de
fruit .... la fruta
fruit store .... la frutería
full .... lleno (a)

G

game .... la caza
garage .... el garaje
garden .... el jardín
gasoline .... la gasolina
genealogical .... genealógico (a)
gentleman .... el caballero
German .... alemán, alemana
get out (inf.) .... bajar
girl .... la niña
glass .... el vaso
glove .... el guante
go (inf.) .... ir, andar
goblet .... la copa
good .... bueno (a)
good afternoon .... buenas tardes
good appetite .... buen provecho
good-bye .... adiós
good day .... buenos días, buen día
good luck .... buena suerte
good morning .... buenos días
good night .... buenas noches
grandfather .... el abuelo
grandmother .... la abuela
grandparents .... los abuelos
grapefruit .... la toronja
grass .... la hierba
gray .... gris
green .... verde
grill .... la parrilla
grilled .... a la parrilla
grocery store ... la tienda de comestibles
ground floor .... la planta baja, el piso bajo*
guide .... la guía
gulf .... el golfo

H

hair .... el pelo
hairdresser's .... la peluquería
half .... medio (a)
hand .... la mano
handkerchief .... el pañuelo
hang up (inf.) .... colgar
happen (inf.) .... pasar
hat .... el sombrero
have (inf.) .... tener
he .... él
healthy .... sano (a)
heat .... el calor
height .... la altura
her .... su
here .... aquí
herself .... se, ella misma
high .... alto (a)
himself .... se, él mismo
his .... su
hog .... el cerdo
hors d'oeuvres .... los entremeses
hot .... caliente
hotel .... el hotel
hotelier .... el hotelero
hour .... la hora
house .... la casa
how? .... ¿cómo?
how many? .... ¿cuántos (as)?
how much? .... ¿cuánto (a)?
hundred .... cien, ciento
hunger .... el hambre

I

I .... yo
ice cream .... el helado
idea .... la idea
important .... importante
in .... en, por
included .... incluido (a)
inexpensive .... barato (a)
information .... la información
inn .... la fonda, el parador
inside .... adentro
instruction .... la instrucción
interesting .... interesante
into .... en
island .... la isla
it .... él, ella
Italian .... italiano (a)
Italy .... la Italia
its .... su

J

jacket .... la chaqueta
jam .... la mermelada
January .... el enero
Japanese .... japonés, japonesa
Jewish .... judío (a)
juice .... el jugo, el zumo*
July .... el julio
June .... el junio

K

kilo .... el kilo
kilometer .... el kilómetro
kitchen .... la cocina
knife .... el cuchillo
know (inf.) .... saber

L

lady .... la dama
lamb .... el cordero
lamp .... la lámpara
land (inf.) .... aterrizar
last (inf.) .... durar
late .... tarde
later .... luego, más tarde
laundry .... el lavadero, la lavandería
learn (inf.) .... aprender
leave (inf.) .... salir
left .... izquierda
lemonade .... la limonada
letter .... la carta
light .... la luz
like .... como
line .... la línea
list .... la lista
liter .... el litro
little .... pequeño (a), poco (a)
live (inf.) .... vivir
living room .... la sala
local .... local
long .... largo (a)
lose (inf.) .... perder
lost .... perdido (a)
loud .... fuerte
low .... bajo (a)
luck .... la suerte
lunch .... el almuerzo

M

magazine .... la revista
mail .... el correo
mailbox .... el buzón
main .... mayor, principal
major .... mayor
make (inf.) .... hacer
man .... el hombre
March .... el marzo
market .... el mercado
May .... el mayo
meal .... la comida
meat .... la carne
menu .... la carta
meter .... el metro
Mexican ... mejicano (a)*, mexicano (a)
Mexico .... el Méjico*, el México
middle .... el centro
milk .... la leche
minimum .... el mínimo
minus .... menos
minute .... el minuto
mirror .... el espejo

* Word used in Spain

Miss .... la Señorita
mixed .... mixto (a)
mode .... el modo
Monday .... el lunes
money .... el dinero, la moneda
month .... el mes
more .... más
morning .... la mañana
mother .... la madre
mountain .... la montaña, el monte
Mr. .... el Señor
Mrs. .... la Señora
much .... mucho
multi-colored .... multicolor
museum .... el museo
my .... mi

N

name .... el nombre
napkin .... la servilleta
natural .... natural
naturally .... naturalmente
necktie .... la corbata
need (inf.) .... necesitar
new .... nuevo (a)
newspaper .... el periódico
newsstand .... el kiosco
next to .... al lado de
night .... la noche
nightshirt .... la camisa de dormir
nine .... nueve
nineteen .... diecinueve
ninety .... noventa
normal .... normal
north .... el norte
North America .... la Norteamérica
northern .... del norte
note .... la nota
November .... el noviembre
now .... ahora
number .... el número

O

object .... el objeto
occupied .... ocupado (a)
ocean .... el océano
October .... el octubre
of .... de
office .... la oficina
  money-exchange office
  .... la oficina de cambio
  lost and found office
  .... la oficina de objetos perdidos
oil .... el aceite
old .... viejo (a)
on .... en, sobre
one .... uno (a)
one way .... la ida
only .... solamente
open (inf.) .... abrir
opened .... abierto (a)
opportunity .... la oportunidad
or .... o
orange .... la naranja
orangeade .... la naranjada
order (inf.) .... pedir
other .... otro (a)
oven .... el horno
overcoat .... el abrigo

P

package .... el paquete
page .... la página
pajamas .... el pijama
paper .... el papel
pardon me .... perdóneme
parents .... los padres
park .... el parque
parking (lot)
  .... el estacionamiento, el aparcamiento*
passage .... el paso
passport .... el pasaporte
pasta .... la pasta
paste .... la pasta
pastry .... el pastel
pay (inf.) .... pagar
pen .... la pluma
pencil .... el lápiz
people .... la gente
pepper .... la pimienta
person .... la persona
pharmacy .... la farmacia
phrase .... la frase
pick up a phone (inf.) .... descolgar
picture .... la pintura
piece .... el pedazo
pillow .... la almohada
pink .... rosado (a)
plate .... el plato
plaza .... la plaza
please (inf.) .... gustar
please .... por favor
pleasure .... el placer
pole (geo.) .... el polo
police .... la policía
police station .... la jefatura de policía
poor .... pobre
possibility .... la posibilidad
postcard .... la tarjeta postal
post office .... la oficina de correos
poultry .... las aves
practice (inf.) .... practicar
precise .... preciso (a)
prefix .... el prefijo
price .... el precio
principal .... principal
problem .... el problema
product .... el producto
prohibited .... prohibido (a)
Protestant .... protestante
public .... público (a)
purple .... púrpura
purse .... la bolsa

Q

quarter .... cuarto
  quarter after .... y cuarto
  quarter to .... menos cuarto
question .... la pregunta

R

railway platform .... el andén
railway track .... la vía
raincoat .... el impermeable
raining .... llueve
ranch .... la hacienda
rapid .... rápido (a)
razor .... la navaja de afeitar
receipt .... el recibo
red .... rojo (a)
refrigerator .... el refrigerador
region .... la región
relatives .... los parientes
religion .... la religión
remain (inf.) .... quedar
repeat (inf.) .... repetir
request (inf.) .... pedir
reservation .... la reservación
restaurant .... el restaurante
restrooms .... los servicios, el wáter*
return (inf.) .... volver
returning .... vuelta
rich .... rico (a)
right .... derecha
river .... el río
roast beef .... el rosbif
roasted .... asado (a)
roll .... el panecillo
roll of film .... el rollo de película
room .... el cuarto
rose .... la rosa
round trip .... la ida y vuelta
Russian .... ruso (a)

S

salt .... la sal
sandal .... la sandalia
sandwich .... el sándwich, el bocadillo*
Saturday .... el sábado
say (inf.) .... decir
school .... la escuela
sea .... el mar
seat .... el asiento
seated .... sentado (a)
second .... segundo (a)
second (time) .... el segundo
second class .... la segunda clase
see (inf.) .... ver
sell (inf.) .... vender
send (inf.) .... mandar
sentence .... la frase
September .... el septiembre
seven .... siete
seventeen .... diecisiete
seventy .... setenta
shave (inf.) .... afeitar
she .... ella
sheet .... la hoja
shirt .... la camisa
shoe .... el zapato
shop .... la tienda
short .... corto (a), bajo (a)
show (inf.) .... mostrar
shower .... la ducha
sick .... enfermo (a)
side .... el lado
simple .... fácil
sister .... la hermana
six .... seis
sixteen .... dieciséis
sixty .... sesenta
size .... la talla
skirt .... la falda
sleep (inf.) .... dormir
slip (undergarment) .... la combinación
slipper .... la zapatilla
slowly .... despacio
small .... pequeño (a)
smoke (inf.) .... fumar
snack .... el bocadillo, la tapa*
snowing .... nieva
so .... tan
soap .... el jabón
soccer .... el fútbol
sock .... el calcetín
sofa .... el sofá
soft .... suave
some .... unos (as)
son .... el hijo
soup .... la sopa
south .... el sur
South Africa .... la Sudáfrica
South America .... la Sudamérica
southern .... del sur
souvenir .... el recuerdo
souvenir shop .... la tienda de recuerdos
Spain .... la España
Spanish .... español (a)
speak (inf.) .... hablar
speciality .... la especialidad
special meal of the day .... el cubierto
spoon .... la cuchara
spring .... la primavera
staircase .... la escalera

* Word used in Spain

stamp .... el timbre, el sello*
station .... la estación
gas station
.. la estación de gasolina, la gasolinera
train station ...... la estación de tren
stationery store .... la papelería
stay (inf.) .... quedar
step .... el paso
still .... aún
stockings .... las medias
stop .... la parada
store .... la tienda
straight ahead .... derecho
street .... la calle
streetcar .... el tranvía
street sign .... la señal pública
strong .... fuerte
stuffed .... relleno (a)
suit .... el traje
suitcase .... la maleta
summer .... el verano
sun .... el sol
Sunday .... el domingo
sunglasses .... las gafas de sol
supper .... la cena
sweater .... el suéter
swimming pool .... la piscina
swimsuit .... el traje de baño

T

table .... la mesa
tailor .... el sastre
take (inf.) .... tomar
taxi .... el taxi
tea .... el té
telegram .... el telegrama
telephone .... el teléfono
public telephone ... el teléfono público
telephone booth ... la cabina de téléfono
telephone receiver .... el auricular
television programming ... la televisión
television set .... el televisor
temperature .... la temperatura
ten .... diez
terminal (transport)
.... la estación terminal
terminal .... terminal
thanks .... gracias
thanks a lot .... muchas gracias
that .... ese (a) (o)
the .... el, la, los, las
theater .... el teatro
their .... su
then .... luego
there .... allí
there is .... hay
thermometer .... el termómetro
they .... ellos (as)
thick .... grueso (a)
thin .... delgado (a)
thing .... la cosa
thirteen .... trece
thirty .... treinta
this .... este (a)
this one .... éste (a)
thousand .... mil
three .... tres
throw (inf.) .... echar
Thursday .... el jueves
ticket .... el billete
ticket window .... la ventanilla
time .... el tiempo, la vez
timetable .... el horario
tip .... la propina
to .... a
tobacco .... el tabaco
tobacco store .... la tabaquería
today .... hoy
toilet .... el excusado
tomato .... el tomate
tomorrow .... mañana
tooth .... el diente
toothbrush .... el cepillo de dientes
toothpaste .... la pasta de dientes
total .... total
tourism .... el turismo
tourist .... el/la turista
towel .... la toalla
hand towel
.. la toalla de mano, el paño de manos*
train .... el tren
travel (inf.) .... viajar
traveler .... el viajero
tree .... el árbol
trip .... el viaje
trousers .... los pantalones
Tuesday .... el martes
turn (inf.) .... doblar
turn the corner (inf.)
.... doblar la esquina
twelve .... doce
twenty .... veinte
two .... dos
typical .... típico (a)

U

uncle .... el tío
under .... debajo
underclothing .... la ropa interior
underpants .... los calzoncillos
undershirt .... la camiseta
understand (inf.) .... entender
United States
.... los Estados Unidos (de América)
university .... la universidad
until .... hasta
up .... arriba
urgency .... la urgencia
usual .... usual

V

variety .... la variedad
various .... varios (as)
veal .... la ternera
vegetable .... la legumbre
vegetable store .... la verdulería
verb .... el verbo
very .... muy
vicinity .... la vecindad
violet .... la violeta
voice .... la voz

W

wait (inf.) .... esperar
waiter .... el camarero
waiting room .... la sala de espera
waitress .... la camarera
walk (inf.) .... andar
wallet .... la cartera
want (inf.) .... querer
wash (inf.) .... lavar
washstand .... el lavabo
wastebasket ...... el cesto para papeles
watch .... el reloj
watchmaker's shop .... la relojería
Watch out! .... ¡Cuidado!
water .... el agua
way .... el modo, la manera
we .... nosotros (as)
weather .... el tiempo
Wednesday .... el miércoles
week .... la semana
well .... bien
west .... el oeste
western .... del oeste
what? .... ¿qué?
when .... cuando
when? .... ¿cuándo?
where .... donde
where? .... ¿dónde?
which .... cuál, cuáles
white .... blanco (a)
who? .... ¿quién?
why? .... ¿por qué?
wind .... el viento
window .... la ventana
ticket window .... la ventanilla
wine .... el vino
winter .... el invierno
with .... con
without .... sin
woman .... la mujer
woods .... la floresta
word .... la palabra
write (inf.) .... escribir

Y

year .... el año
yellow .... amarillo (a)
yes .... sí
yesterday .... ayer
yet .... aún
you .... usted
young .... joven
your .... su

Z

zero .... cero
zone .... la zona
zoo .... el jardín zoológico
zoological .... zoológico (a)

* Word used in Spain

CUT ALONG DOTTED LINE, FOLD AND TAKE WITH YOU

Pan y Pasta (bread and pasta)

pan	bread
panecillo	roll
pan moreno	dark (rye) bread
pan tostado	toast
arroz	rice
macarrones	macaroni
espagueti	spaghetti

Legumbres (vegetables)

guisantes	peas
espárragos	asparagus
alcachofas	artichokes
zanahorias	carrots
berenjena	eggplant
judías verdes	green beans
espinacas	spinach
batatas	sweet potatoes
champiñones	mushrooms
coliflor	cauliflower
maíz	corn
cebollas	onions
rábanos	radishes
remolachas	beets
lentejas	lentils
frijoles	kidney beans

Patatas (potatoes)

patatas cocidas	boiled potatoes
patatas al horno	baked potatoes
puré de patatas	mashed potatoes
patatas fritas	French fried potatoes
patatas rellenas	stuffed potatoes
patatas a la vasca	potatoes with garlic, olive oil and clove

Salchichas (sausages)

salchichón	salami
chorizo	garlic-spiced sausage
mortadela	pork sausage
tocino	bacon
jamón	ham

FOLD HERE

Fruta (fruit)

manzana	apple
pera	pear
albaricoque	apricot
melocotón, durazno	peach
plátano	banana
naranja	orange
cereza	cherry
ciruela	plum
toronja	grapefruit
uvas	grapes
limón	lemon
piña	pineapple
melón	melon
sandía	watermelon
guayaba	guava
fresas	strawberries
frambuesas	raspberries
mirtillos	bilberries
zarzamoras	blackberries
macedonia de fruta	fruit cocktail
compota de manzana	applesauce

Bebidas (beverages)

cerveza	beer
leche	milk
café	coffee
café con leche	coffee with milk
zumo de . .	juice of . . .
jugo de . . .	juice of . . .
limonada	lemonade
agua mineral	bottled water
vino tinto	red wine
vino blanco	white wine
vino rosado	rosé wine

¡Buen provecho!

FOLD HERE

La Carta

menu

Método de Preparación (methods of preparation)

a la Romana	in batter
cocido	cooked, boiled
frito	fried
al horno	baked
cocido al vapor	steamed
a la parrilla	grilled
a la plancha	grilled, broiled
empanado	breaded
salteado	sautéed
asado	roasted
crudo	raw
medio crudo	rare
en su punto	medium
bien asado	well-done

General

conserva	jam
mermelada	marmalade
miel	honey
sal	salt
pimienta	pepper
aceite	oil
vinagre	vinegar
mostaza	mustard
salsa	sauce
queso	cheese
ajo	garlic
torta	cake
pastel	pastry
helado	ice cream
nata, crema batida	whipped cream
postre	dessert
flan	caramel custard

Entremeses (hors d'oeuvres)

ostras	oysters
coctel de langosta	lobster cocktail
coctel de mariscos	seafood cocktail
arenque ahumado	smoked herring
caviar	caviar
caracoles	snails
ensaladilla rusa	Russian eggs
fiambres	cold cuts
almejas al natural	clams
jamón serrano	smoked ham
paella	saffron rice with seafood, meat, and vegetables

Sopas (soups)

gazpacho	cold vegetable soup
consomé/caldo	consommé/broth
sopa de fideos	noodle soup
sopa de pollo	chicken soup
sopa al jerez	beef broth with sherry
crema de champiñones	cream-of-mushroom soup
crema de espárragos	cream-of-asparagus soup
crema reina	cream-of-chicken soup
sopa al queso	cheese soup
menestra	stew
cocido español	thick meat soup

Huevos (eggs)

huevos duros	hard-cooked eggs
huevos pasados por agua	soft-boiled eggs
huevos fritos	fried eggs
huevos revueltos	scrambled eggs
huevos escalfados	poached eggs
tortilla de . . .	omelette with . . .
huevos a la rusa	deviled eggs
suflé	soufflé

Carne (meat)

Ternera (veal)

ternera asada	roast veal
ternera borracha	veal strips in white wine
ternera en adobo	marinated veal
ternera rellena	stuffed veal

FOLD HERE

Carne (meat) continued

biftec de ternera	veal steak
escalope de ternera	veal cutlet
chuletas de ternera	veal chops
escalopes Vienesa	breaded cutlet with anchovy butter
escalopes Milanesa	breaded cutlet with egg and cheese
escalopes cordon bleu	veal stuffed with ham and cheese
ternera brasada	roasted and braised veal
ternera al jerez	veal in sherry
ternera jardinera	veal with vegetables
riñones	kidneys

Vaca (beef)

filete	filet
entrecote	boneless rib steak
solomillo	sirloin
tournedos	tenderloin
biftec	steak
rosbif	roast beef
chuletas de res	prime ribs
churrasco	charcoal-grilled meat
albóndigas	meat balls
salpicón	meat loaf
hígado	liver
lengua	tongue

Cerdo (pork)

lomo de cerdo	pork loin
chuletas de cerdo	pork chops
lomo relleno	stuffed pork loin
cerdo asado	pork roast
filete de cerdo	pork tenderloin
asado de cerdo	roast pork
costillas de cerdo	spareribs
cochinillo asado	roast suckling pig
jamón	ham

Cordero (lamb)

chuletas de cordero	lamb chops
chuletas de ternasco	baby lamb chops
pierna de cordero	leg of lamb
cordero asado	roast lamb
cordero estofado	casserole of stuffed lamb
cordero lechazo asado	roast suckling lamb
brochetas de filete	shish kebab

FOLD HERE

Aves y Caza (poultry and game)

pollo	chicken
pato	duck
pavo	turkey
pollo asado	roast chicken
pollo a la cazuela	chicken casserole
pollo al jerez	chicken in sherry
liebre	hare
conejo	rabbit
faisán	pheasant
perdiz	partridge
codorniz	quail
venado	venison

Pescado y Mariscos (fish and seafood)

trucha	trout
lenguado	sole
bacalao	cod
platija	flounder
merluza	hake
arenque	herring
pargo	snapper
atún	tuna
cangrejo	crab
calamares	squid
gambas	prawns
camarones	shrimp
mejillones	mussels

Ensaladas (salads)

ensalada de lechuga	lettuce salad
ensalada de frutas	fruit salad
ensalada de legumbres	vegetable salad
ensalada de tomates	tomato salad
ensalada de patatas	potato salad
ensalada de pepinos	cucumber salad
ensalada mixta	mixed salad
ensalada del tiempo	seasonal salad
ensalada corriente	seasonal salad
ensalada de pollo	chicken salad

(veh-neer) **venir**	*(yah-mar)* **llamar**
(ahn-dar) **andar**	*(kohm-prar)* **comprar**
(teh-nair) **tener**	*(ah-blar)* **hablar**
(ah-pren-dair) **aprender**	*(vee-veer)* **vivir**
(keh-rair) **querer**	*(peh-deer)* **pedir**
(neh-seh-see-tar) **necesitar**	*(keh-dar)* **quedar**

to call

to come

to buy

to walk/go

to speak

to have

to live

to learn

to order/request

to like/want

to stay/remain

to need

(deh-seer) **decir**	*(ven-dair)* **vender**
(koh-mair) **comer**	*(vair)* **ver**
(beh-bair) **beber**	*(mahn-dar)* **mandar**
(bah-har) **bajar**	*(dor-meer)* **dormir**
(en-ten-dair) **entender**	*(en-kohn-trar)* **encontrar**
(reh-peh-teer) **repetir**	*(ah-sair)* **hacer**

to sell

to say

to see

to eat

to send

to drink

to sleep

to get out/disembark

to find

to understand

to make/do

to repeat

(es-kree-beer) **escribir**	*(leh-air)* **leer**
(mohs-trar) **mostrar**	*(boos-kar)* **buscar**
(pah-gar) **pagar**	*(trah-bah-har)* **trabajar**
(poh-dair) **poder**	*(voh-lar)* **volar**
(teh-nair keh) **tener que**	*(sen-tah-doh)* **estar sentado**
(sah-bair) **saber**	*(ah-sair lah mah-leh-tah)* **hacer la maleta**

to read

to write

to look for

to show

to work

to pay

to fly

to be able to/can

to be seated

to have to/must

to pack

to know

(koh-mehn-sar) **comenzar**	*(trah-air)* **traer**
(ah-breer) **abrir**	*(en-trar)* **entrar**
(koh-see-nar) **cocinar**	*(sah-leer)* **salir**
(ah-teh-rree-sar) **aterrizar**	*(soo-beer)* **subir**
(reh-sair-var) **reservar**	*(kahm-bee-ar)* **cambiar**
(kohs-tar) **costar**	*(yeh-gar)* **llegar**

to bring	to begin
to enter	to open
to leave	to cook
to get into/board	to land
to transfer/ exchange (money)	to reserve
to arrive	to cost

(par-teer)
partir

(seh-rrar)
cerrar

(vee-ah-har)
viajar

(lah-var)
lavar

(foo-mar)
fumar

(por fah-vor)
por favor

(preh-goon-tar)
preguntar

(pair-dair)
perder

(nee-eh-vah)
nieva

(yoh soy) (yoh es-toy)
yo soy/yo estoy

(yoo-eh-veh)
llueve

(noh-soh-tros soh-mos)
nosotros somos/
(noh-soh-tros es-tah-mos)
nosotros estamos

to close

to depart

to wash

to travel

please

to smoke

to lose

to ask

I am

it is snowing

we are

it is raining

(el) **él** / (eh-yah) **ella** } (es) (es-tah) **es/está**	(ahl-toh) (bah-hoh) **alto - bajo**
(oos-ted) (es) (es-tah) **usted es/está**	(poh-breh) (ree-koh) **pobre - rico**
(eh-yos) **ellos** / (eh-yas) **ellas** } (sohn) (es-tahn) **son/están**	(kor-toh) (lar-goh) **corto - largo**
(ah-dee-ohs) **Adiós**	(en-fair-moh) (sah-noh) **enfermo - sano**
(ah-ee) **hay**	(bah-rah-toh) (kah-roh) **barato - caro**
(koh-moh es-tah oos-ted) **¿Cómo está usted?**	(vee-eh-hoh) (hoh-ven) **viejo - joven**

high - low	he she } is
poor - rich	you are
short - long	they are
ill - healthy	Good-bye
inexpensive - expensive	there is/there are
old - young	How are you?

(bweh-noh) *(mah-loh)*
bueno - malo

(rah-pee-doh) *(des-pah-see-oh)*
rápido - despacio

(soo-ah-veh) *(fwair-teh)*
suave - fuerte

(groo-eh-soh) *(del-gah-doh)*
grueso - delgado

(grahn-deh) *(peh-kehn-yoh)*
grande - pequeño

(moo-choh) *(poh-koh)*
mucho - poco

(kah-lee-en-teh) *(free-oh)*
caliente - frío

(vee-eh-hoh) *(nweh-voh)*
viejo - nuevo

(ees-kee-air-dah) *(deh-reh-chah)*
izquierda - derecha

(dool-seh) *(ah-mar-goh)*
dulce - amargo

(ah-rree-bah) *(ah-bah-hoh)*
arriba - abajo

(pair-doh-neh-meh)
Perdóneme

fast - slow

good - bad

thick - thin

soft - loud

a lot - a little

big - small

old - new

hot - cold

sweet - sour

left - right

pardon me

above - below